Oliver Bender, Sigrun Kanitscheider, Alfred K. Treml† (Hg.)

40 Jahre Matreier Gespräche

matreier Gespräche
Otto-Koenig-Gesellschaft, Wien

Schriftenreihe der
Otto-Koenig-Gesellschaft, Wien

40. *matreier* Gespräche zur Kulturethologie,
Teilband 2

2014

40 Jahre Matreier Gespräche

Kulturethologische Texte zu
Ritualen, Feiern und Symbolen

Gewidmet dem Musikwissenschaftler
Dr. Erich Wolfgang Partsch (1959–2014)

Im Auftrag des Matreier Kreises
herausgegeben von
Oliver Bender, Sigrun Kanitscheider und Alfred K. Treml†

Umschlaggestaltung, Satz, Layout: Oliver Bender, Sigrun Kanitscheider

Titelbild: „Klaubaufmaske“

Für die inhaltlichen Aussagen sowie für die Abdruckrechte der Abbildungen tragen die jeweiligen Autoren/Autorinnen die Verantwortung.
Die Inhalte der im Text und Anhang zitierten Internet-Links unterliegen der Verantwortung der jeweiligen Anbieter/-innen. Für eventuelle Schäden und Forderungen können der Verlag, die Otto-Koenig-Gesellschaft, das Institut für Interdisziplinäre Gebirgsforschung der Österreichischen Akademie der Wissenschaften sowie das Herausgeberteam keine Haftung übernehmen.

Herstellung und Verlag:

BoD – Books on Demand, Norderstedt.

Bibliographische Information der Deutschen Nationalbibliothek

Die Deutsche Nationalbibliothek verzeichnet diese Publikation in der Deutschen Nationalbibliographie; detaillierte bibliographische Daten sind im Internet über http://dnb.d-nb.de abrufbar.

ISBN 978-3-7392-0352-2

Inhalt

Vorwort

Die von Otto Koenig 1972 begründeten „Matreier Gespräche" waren seit Beginn wirkliche „Gespräche" und ließen immer auch spontane Einfälle, thematische Ergänzungen, Anmerkungen zu aktuellen ethologischen Projekten zu, aber auch zu persönlichem Gedenken. Das gilt auch für die Matreier Gespräche des Jahres 2014. Die Gespräche waren nach den Plänen von Alfred Treml an zwei Gedenken geknüpft, an den 100. Geburtstag Otto Koenigs und an den Rückblick auf 40 Jahre Matreier Gespräche. Diese thematischen Ergänzungen, Erweiterungen folgen hier in drei Einheiten.

Die erste Einheit passt unmittelbar zum kulturethologischen Gesamtrahmen. Die Arbeiten von Hartmut Heller (Die ‚Eventualisierung' unserer Brauchkultur) und von Helga Bleckwenn (Centenarfeiern der Neuzeit. Vom Wandel ihrer Festkultur) nehmen die aktuellen Jubiläen (100 Jahre Otto Koenig; 40 Jahre Matreier Gespräche) zum Anlass, sie in den größeren Zusammenhang der Entwicklung von Jubiläums-Festivitäten zu stellen und so nach generelleren Verläufen und Trends in der Geschichte von Festlichkeiten zu fragen. Genau dieser Weg musste in den Augen Koenigs beschritten werden, um zur Kulturethologie zu kommen.

Die zweite Einheit bilden die Referate von Dagmar Schmauks (Tiere im Krieg zwischen Kamerad und Symbol – Ein kulturethologischer Rückblick auf Texte des Ersten Weltkrieges) und Roland Girtler (Rituale der Mannbarkeit bei Jägern und Wilderern – die Bedeutung des Mutes). Beide Referate sind Niederschlag aktueller kulturethologischer Projekte. Dagmar Schmauks zeigt an historischen Beispielen aus dem Ersten Weltkrieg, in welcher Weise und in welchem Umfang auch Tiere zu Kriegszwecken missbraucht worden sind und welche Verhaltensverzerrungen sich über ausgeklügelte Dressuren erreichen lassen. Roland Girtler zeichnet einerseits in den Ritualen der Mannbarkeit kulturethologisch geläufige Verlaufsformen nach, erweitert aber zugleich die kulturethologische Fragestellung auf das funktionale und motivationale Feld der Rituale. Mit dieser Erweiterung nimmt er eine Fragestellung auf, die zwar zu den zentralen Fragen der Kulturethologie zählt, aber noch viel zu wenig thematisiert wird.

Die dritte Einheit hängt mit den dramatisch-tragischen Umständen der Matreier Gespräche von 2014 zusammen. Alfred Treml hatte in der Nachfolge Hartmut Hellers 2010 die wissenschaftliche Leitung der Matreier Gespräche übernommen. Er hatte auch die hier publizierte Tagung minutiös vorbereitet und dazu eingeladen. Am 2. September 2014 ist er bei dem Versuch, das Matterhorn zu besteigen, verstorben. So war in Matrei nicht nur Otto Koenigs zu gedenken, sondern auch Alfred Tremls. Ich war durch Bernhard Ruso gebeten worden, die von Alfred Treml vorbereitete Tagung zu leiten. Am Eröffnungsabend haben wir Alfred Tremls gedacht. Die persönlichen Erinnerungen haben Helmwart Hierdeis und ich übernommen. Ich habe in einem ausführlichen, mit zahlreichen Fotos unterstütztem Beitrag aus Tremls Leben und von seinen Verdiensten um die evolutionäre Pädagogik und um die Matreier Gespräche berichtet. Das Resümee meines Beitrages ist bereits im Matreier Sammelband des Jahres 2014 erschienen. Helmwart Hierdeis' Beitrag „Mutabor. Zur Erinnerung an Alfred K. Treml († 2.9.2014)" wird nun hier abgedruckt. Es ist ein Beitrag, aus dem die Freundschaft ablesbar ist, aber auch die Tiefgründigkeit und der Reichtum an Dimensionen von Alfred Tremls Denken und Leben.

Max Liedtke

Zum Schluss bleibt wieder herzlich zu danken: der Gemeinde Matrei in Osttirol und der Familie Hradecky im Gasthof Hinteregger für die Gastfreundschaft, der Otto-Koenig-Gesellschaft und ihren Unterstützerinnen und Unterstützern für die Ausrichtung der Tagung, dem Institut für Interdisziplinäre Gebirgsforschung der Österreichischen Akademie der Wissenschaften für das Lektorat des Bandes und vor allem den bei der Tagung referierenden Kolleginnen und Kollegen, die wiederum pünktlich ihre Manuskripte zur Verfügung gestellt haben.

Innsbruck, im Oktober 2015

Für das Herausgeberteam
Oliver Bender und Sigrun Kanitscheider

Helga Bleckwenn

Centenarfeiern der Neuzeit. Vom Wandel ihrer Festkultur

Zusammenfassung

Bestimmte Erinnerungsfeste sind dem politisch-kulturellen Gedächtnis kollektiv eingeprägt und werden gesellschaftlich intern oder öffentlich tradiert: das Wartburgfest 1817, das Hambacher Fest 1832 und das Treffen von Bünden der Jugendbewegung auf dem Hohen Meißner 1913. Dies waren auch Gegenfeste zu offiziellen, das heißt staatlich inszenierten Feiern der erinnerten Daten. Entsprechendes gilt für die ersten Jahrhundertfeiern von Geburts- und Sterbedaten der Dichter, was besonders an den Schiller-Feiern 1859 zu erkennen ist. Zugleich zeigen diese Ehrungen des Bürgertums für seine Geistesheroen auch Adaptionen höfischer Formen. Später, bei den Goethe-Feiern 1932, zeichnet sich dann die Möglichkeit einer machtpolitischen Instrumentalisierung ab, die freilich auch eine zeitgemäße Medialität nutzt. Eine solche Instrumentalisierung wird ebenfalls, in anderen Systemen, sehr deutlich bei den Goethe-Feiern 1949 in Frankfurt a. M. und Weimar.

Vielleicht ist die gegenwärtige Zurückhaltung oder Abwehr solcher Traditionsaufnahme in maßgeblichen Medien auch ein Grund für den Niedergang der Erinnerungskultur: Es fehlen nach unserer gebrochenen Geschichte die verbindenden Anlässe. Die Berliner Feier 25 Jahre nach dem Mauerfall gibt ein vielleicht hoffnungsvolles Gegenbeispiel.

0 100 Jahre Otto Koenig – persönliche Erinnerungen

Ich habe Otto Koenig noch gekannt. Beim schulgeschichtlichen Symposion, das Max Liedtke damals alljährlich in Ichenhausen ausrichtete, trat er Ende der 1980er Jahre verschiedentlich auf. Er war in diesem Kreis eine ungewöhnliche Erscheinung: graues, welliges Haar, stets sonnengebräunt, ganz in Schwarz, die Ärmel des Hemdes bis zum Ellenbogen hochgekrempelt, am Gürtel ein silbernes Charivari – so fiel er schon äußerlich durch sein Styling auf, wo noch die Kleiderordnung von Anzug oder Kostüm bei solchen Anlässen mindestens für Vortragende gültig war. Seine Ähnlichkeit zu Konrad Lorenz war augenfällig.

Er hielt einen Vortrag über das Motiv des Auges und sprach auch in einem Redebeitrag über die emotionale und gemeinschaftsfördernde Wirkung der Dunkelheit und des wärmenden Lichtes, was wohl die Faszination vieler Lagerfeuer-Erlebnisse ausgemacht habe. Und er brachte in diesen Zusammenhang auch die nächtlich-erhellenden Lichtdome bei Feiern der Nationalsozialisten. Diese Denkfigur war mir neu und hat sich eingeprägt. So bleibt er mir erinnerlich als ungewöhnlich-charismatischer Mann, der an Tabus rührte und dadurch nachdenklich machte und der mir den Horizont der Kulturethologie eröffnete.

Ihm wurden zu Lebzeiten wissenschaftliche Ehrungen zuteil, die auch in zwei Festschriften manifestiert sind (Gesellschaft der Freunde der Forschungsgemeinschaft Wilhelminenberg 1984; Liedtke 1989). Ein Gedenken zum 100. Geburtstag für einen verehrten akademischen Lehrer, in dessen Tradition man sich versteht, ist gute wissenschaftliche Tradition – die freilich im Schwinden begriffen ist. Doch zeigen wir mit dieser Veranstaltung – und durch die Tatsache, dass die von Otto Koenig initiierten Matreier Gespräche nun zum 40. Mal stattfinden –, wie wir uns solcher Traditionen bewusst sind und sie gerne weitertragen wollen.

1 Forschungsstand

Für alle Feiern gilt: Sie sind gut beforscht von Historikern, was die politischen Hintergründe, die jeweilige Organisation, die Werbung, die Teilnehmer und den Ablauf der Veranstaltungen anbelangt. Besonderes Interesse gilt programmatischen Äußerungen in Reden und daraus folgenden politischen Zielsetzungen. Gut dokumentiert ist auch die Zusammensetzung der Teilnehmer, der Bünde und Verbände und deren spätere Fraktionierung, die oft zu heftigen Auseinandersetzungen führte. Eine hohe Zeit hatte diese Forschung zur Festkultur in den 1980er Jahren; genannt seien besonders die Sammelbände „Das Fest“ (herausgegeben von Uwe Schultz 1988 nach einer Sendereihe des Hessischen Rundfunks 1986/87) sowie „Öffentliche Festkultur“ (von Dieter Düding, Peter Friedemann und Paul Münch 1988, mit Beiträgen einer Sektion beim 35. Deutschen Historikertag 1983 in Berlin). Sie repräsentieren den damals aktuellen Forschungsstand: die Sammlung „Das Fest“ mit historisch weitem Horizont von Altägypten bis zum Festival von Woodstock, der Band „Öffentliche Festkultur“ enger eingegrenzt auf „Politische Feste in Deutschland von der Aufklärung bis zum Ersten Weltkrieg“ (Untertitel), oft auf der Basis älterer

Darstellungen und regionaler Untersuchungen. Wer nach Quellen sucht, wird dort fündig. Rainer Noltenius (1984) bietet in seiner Monographie über „Dichterfeiern in Deutschland“ Spezialforschungen zu den Schiller- und Freiligrath-Feiern des 19. Jahrhunderts. Winfried Mogge und Jürgen Reulecke (1988) haben dem Ersten Freideutschen Jugendtag auf dem Hohen Meißner einen Band gewidmet, der neben eigenen Untersuchungen auch den Abdruck zeitgenössischer Quellen und Dokumente bietet. – Derzeit finden sich auch informative und reich illustrierte Arbeiten zu den historischen Schiller- und Goethe-Feiern im Goethezeitportal des Internet. Dort sind auch ältere, entlegen publizierte Arbeiten wieder leicht zugänglich. Vielleicht zeigt sich der Einfluss des Zeitgeistes, wenn neuerdings gefragt wird: Wer gab das Geld? Wie funktionierte die Kommunikation unter Interessierten? Was waren – statt Twitter oder Facebook – die *Social Media* früherer Zeiten? Bestimmte Fragestellungen würden sich auch ergeben, wenn man die noch einzelnen Forschungen miteinander vergliche und dadurch besondere Erträge oder bedauerliche Defizite feststellte (beispielsweise Angaben zum Habitus der Teilnehmer und ihren Erkennungsmerkmalen).

Die genannten Forschungen beziehen sich also auf die einzelnen Feste und Feiern, während die eine vergleichende Betrachtung noch aussteht, die verborgene und unbeachtete Gemeinsamkeiten aufdeckt. Ein Versuch dazu wird, im Sinne des kulturethologischen Ansatzes von Otto Koenig, im Folgenden gemacht.

2 Politische Gegenfeste

2.1 Das Wartburgfest 1817

Das Wartburgfest 1817 war bekanntlich eine Feier der studentischen Burschenschaften zur Erinnerung an den Reformationstag 1517. Eine sorgfältige, auf Quellen basierende Untersuchung bietet Peter Brandt (1988). Also 300 Jahre nach Luthers Thesenanschlag in Wittenberg trafen sich, organisiert von den studentischen Verbindungen, ungefähr 800 Teilnehmer in Eisenach und zogen hinauf zur Wartburg. Gemeinsames Lied war Luthers „Ein feste Burg ist unser Gott“; eine Ansprache am Ziel hielt der Jenenser Student Ludwig Rödiger. Heute peinlich erinnert wird die anschließende Bücherverbrennung. (Eine „Liste der beim Wartburgfest verbrannten Bücher“ findet sich bei Wikipedia). Diese wurde damals wohl eher rituell verstanden und erinnerte auch an die öffentliche Verbrennung der Bannandrohungsbulle durch Luther in Wittenberg im Dezember 1520.

Abb. 1: Das Wartburgfest 1817 (Quelle: Wikimedia[1]).

2.2 *Das Hambacher Fest 1832*

Gut in kollektiver Erinnerung gehalten wird als „die“ demokratische Veranstaltung des Vormärz gegen die fürstliche Restauration das Treffen zum Hambacher Fest. Der historische Ablauf wurde von Cornelia Foerster (1988) dargestellt. Es wurde am 27./28. Mai 1832 um das Schloss bei dem kleinen Ort Hambach gefeiert, nahe Neustadt in der damals noch bayerischen Pfalz. Träger der Veranstaltung war das oppositionelle Bürgertum. Auch die Burschenschaftler waren wieder dabei, darüberhinaus auch Angehörige aller Bevölkerungsschichten und ausländische Gäste gleicher politischer Einstellung. Besonders die Polen werden immer wieder erwähnt. Nicht durch einen breiten Erinnerungsbezug erfolgt also die Einreihung in die großen Gegenfeste des 19. und frühen 20. Jahrhundert, sondern durch die politisch gewollte Traditionsbildung. Diese findet beispielsweise ihren populären Ausdruck in den Briefmarken zum 150jährigen Jubiläum

[1] https://commons.wikimedia.org/wiki/File:Wartburg-Studentenzug-1817.jpg (Zugriff: 31.10.2015).

(1982) und zum 175jährigen Gedenken (2007) sowie der Ausgabe einer Euro-Münze im gleichen Jahr (abgebildet im Wikipedia-Artikel „Hambacher Fest"). Die Darstellungen der Briefmarken sind offensichtlich von der oben abgebildeten zeitgenössischen Zeichnung inspiriert. Auch hier gab es beim Aufstieg Lieder; gern gesungen wurde das eigens für diesen Anlass geschaffene „Aufs Schloß, aufs Schloß", nach dem Lied der Soldaten „Aufs Pferd, aufs Pferd" aus „Wallensteins Lager" (1798). Es ist hier erwähnenswert für Schillers Popularität in dieser Zeit und in diesem Milieu. Auf dem Berggipfel wurden dann verschiedene Reden gehalten, etwa von dem Juristen Philipp Jacob Siebenpfeiffer (1789–1845) und dem Publizisten Johann Georg Wirth (1798–1848). Eine interessante Frage dazu stellt Foerster (1988, 118): Wer konnte ohne verstärkende Mikrophone diese Reden eigentlich hören? Gern werden solche Reden in unserer Wort-Kultur tradiert, doch solch eine Überlegung lässt weiterfragen: Überschätzen wir vielleicht die argumentative Programmatik? Ist nicht ebenso wichtig das Gemeinschaftserlebnis?

Abb. 2: Das Hambacher Fest 1832 (Quelle: Wikimedia[2]).

2 https://commons.wikimedia.org/wiki/File:Hambacher_Fest_1832.jpg (Zugriff: 31.10.2015).

2.3 Der Freideutsche Jugendtag 1913

Abb. 3: Freideutscher Jugendtag 1913, Informationstafel auf dem Hohen Meißner (Foto: Jörg Holzmüller 2006, Ausschnitt; Quelle: Wikipedia[3]).

Das Treffen verschiedener Jugendbünde, Reformpädagogen und Lebensreformer am 11./12. Oktober auf dem Hohen Meißner im hessischen Bergland bei Kassel muss auch als Gegenveranstaltung vor den offiziellen Gedenkfeiern 1913 zur Erinnerung an die Erhebung gegen Napoleon und die Völkerschlacht bei Leipzig am 18. Oktober 1813 gesehen werden. (Diese sind dargestellt von Wolfram Siemann 1988). Die Erinnerungstafel am Hohen Meißner suggeriert zudem ein frühes Beispiel koedukativer Aktivitäten, die allerdings nur vereinzelt waren: Mädchen waren zwar beim Sera-Kreis um Eugen Diederichs aus Jena dabei, doch ansonsten waren die teilnehmenden Gruppen und Delegationen männlich-männerbündisch geprägt. Es ging bei diesem Jugendtreffen sehr lässig zu, was den (oft gezogenen) Vergleich zu Woodstock verständlich macht. Und erinnert werden soll – bei seinem schwankendem Charakterbild (dazu neuerdings Mogge 2013) – dass Gustav Wyneken (1875–1964) als einer der Hauptredner die versammelte Jugend zum Frieden gemahnt hat, was im Hinblick

[3] https://de.wikipedia.org/wiki/Erster_Freideutscher_Jugendtag (Zugriff: 31.10. 2015).

auf die Ereignisse von 1914 wahrhaft prophetisch erscheinen mag. Oft zitiert ist aus seiner Rede die Passage:

> „Wenn ich die leuchtenden Täler unseres Vaterlandes hier zu unsern Füßen ausgebreitet sehe, so kann ich nicht anders als wünschen: Möge nie der Tag erscheinen, wo des Krieges Horden sie durchtoben. Und möge auch nie der Tag erscheinen, wo wir gezwungen sind, den Krieg in die Täler eines fremden Volkes zu tragen“ (zitiert nach Mogge & Reulecke 1988, 294).

Es ist anzunehmen, dass den Zuhörern der Anklang an Verse aus Schillers „Glocke“ geläufig war. Für unsere Zeit wäre eine Neuinterpretation der gesamten Rede wünschenswert.

Abb. 4: Gustav Wyneken (links im Bild) als Redner auf dem Freideutschen Jugendtag (Quelle: Archiv der deutschen Jugendbewegung, Burg Ludwigstein).

Es wurden Lieder aus dem bündischen Liederbuch „Zupfgeigenhansl“ gesungen. Als gemeinsame Aktion wurde später die von Wyneken entworfene Meißnerformel verabschiedet:

> „Die Freideutsche Jugend will nach eigener Bestimmung, vor eigener Verantwortung, in innerer Wahrhaftigkeit ihr Leben gestalten. Für diese innere Freiheit tritt sie unter allen Umständen geschlossen ein. Zur gegenseitigen Verständigung werden Freideutsche Jugendtage abgehalten. Alle gemeinsamen Veranstaltungen der Freideutschen Jugend sind alkohol- und nikotinfrei“ (zitiert nach Mogge 1988, 52).

Fragen nach den Vorbildern dieser Feiern wurden in der Forschung gestellt. Besonders bei Foerster (1988, 121) wird auf Fürstengedenktage, Revolutionsfeste und Verfassungsfeiern als mögliche Vorläufer und Anlässe hingewiesen. Das ist historisch korrekt, sollte aber phänomenologisch weitergedacht werden.

Gemeinsam ist demnach der Massenzug auf einen Berg, wie bei einer Pilgerfahrt oder einem Kreuzweg, begleitet von Gesängen. Am Ziel werden Reden gehalten; Lieder, Bilder und Berichte drängen die Instrumentalmusik, die sonst zu jedem Fest gehört, in den Hintergrund. Hervorzuheben ist die Mitwirkung Jugendlicher, die auch mit ihren späteren Treffen die Erinnerung gepflegt haben. Die Tradition der Jugendbewegung hielt sie lebendig, wie beispielsweise die oben abgebildete Tafel informiert. So ist das Fest auf dem Hohen Meißner 2013 auch als Centenarfeier von Pfadfindergruppen interpretierbar.

Der Zug auf den Berg als Gemeinsamkeit ist allerdings erst uns Nachgeborenen im Vergleich ersichtlich. Die zeitgenössischen Quellen beziehen sich eher auf den historischen Ort (Wartburg) oder sie suchen das freie Feld für eine solche Versammlung (Hambacher Fest) oder sie sprechen von der Flucht aus dem Trubel der Stadt in die Natur (Wyneken, bei Mogge & Reulecke 1988, 293). Die hier gezeigten, vielfach tradierten zeitgenössischen Abbildungen zeigen den Zug auf die Wartburg oder zum Hambacher Fest dramatisch überhöht.

Assoziativ ist an die *secessio plebis in montem sacrum* zu denken, an jenen legendären Auszug des verarmt-rechtlosen Volkes aus der Stadt Rom auf den Hügel Aventin also, welcher der Überlieferung nach durch die Parabel-Rede des Menenius Agrippa vom sinnlosen Kampf der Glieder gegen den Magen beendet wurde (vgl. Titus Livius, Ab urbe condita, Buch 2, Kap. 32) und die verfassungsgeschichtlich zur Einrichtung des Amtes des Volkstribunen führte.

Oder (so ein Diskussionsbeitrag von Gustav Reingrabner) es ist zu erinnern an den Berg Zion, der biblisch überhöht wird als Heilsort: Vom Hügel bei Jerusalem, der von König David eingenommen und später Ort für den Tempel Salomos wird, in dem Gott wohnen soll, entwickelt sich theologisch die Vorstellung vom himmlischen Jerusalem als Bild für die Wohnstätte Gottes, der alle Jenseits-Sehnsucht der Christen gilt.

Vielleicht ist also der Berg ein archetypisches Symbol, das in unserem Kulturkreis positiv verstanden und in Darstellungen und Bezeichnungen wirkungsgeschichtlich für bestimmte Ereignisse genutzt wird.

3 Dichterfeiern

Ausgewählt seien hier das Schillerjahr 1859 sowie die Goethefeiern 1932 und 1949, die wegen der Bedeutung ihrer Leitfiguren besondere Popularität erlangten und die Beziehung von Kultur und Politik besonders deutlich erkennen lassen.

3.1 Das Schillerjahr 1859

Abb. 5: Schiller-Denkmal in Frankfurt a. M. (Quelle: Wikipedia[4]).

Typisch für die Feste der Zeit waren der Umzug und das Denkmal. Beide Elemente sind unmittelbar auf höfische Traditionen zurückzuführen; sie wurden hier auch vom Bürgertum übernommen. Assoziationen zu kirchlichen Prozessionen und zu militärischen Paraden drängen sich auf. Inzwi-

[4] https://de.wikipedia.org/wiki/Datei:Schiller_Denkmal_FaM.jpg (Zugriff: 31.10. 2015).

schen sind diese Formen fast verschwunden – ein Beispiel auch für die Brüche deutscher Geschichte. Wir kennen solche Festumzüge eigentlich nur noch als Karnevalsumzüge mit Themenwagen. In Bayern ist außerdem der Trachtenumzug zum Oktoberfest zu nennen. Personendenkmale werden kaum noch errichtet. Eine Ausnahme bildet das Willy Brandt-Denkmal, das 1996 im Atrium der Parteizentrale der SPD in Berlin aufgestellt wurde.

Das war früher anders, und es zeigt Schillers Popularität, wenn in den 1850er Jahren solch ein Umzug ihm zu Ehren veranstaltet wurde. Der Frankfurter Umzug ist aktuell gut dokumentiert; die bebilderte Darstellung von Jutta Assel und Georg Jäger (2014) im Goethezeitportal des Internet stützt sich auf die zeitgenössische Dokumentation von F. C. Klimsch (1860).

Danach waren etwa 40.000 bis 50.000 Zuschauer am Wege. Der Festzug begann gegen 11 Uhr unter Glockengeläut. Ungefähr 6000 Mitglieder der Gewerke, Innungen, Schulen, Vereine und Corporationen waren beteiligt mit 30 Festwagen, 350 Pferden und 5 Musikcorps.

Als Beispiel gegeben sei die Beschreibung eines Festwagens:

> „Die Gärtner fuhren auf einem Wagen die Schiller-Eiche einher, welche den Nachmittag gepflanzt ward. Kinder trugen in niedlichen Körbchen Früchte aller Art, welche sie dem Senate darboten“ (Assel & Jäger 2014).

Auch historische Kleidung wird gern beschrieben:

> „Die sechs Herolde und Fahnenträger der dreihundert Schneider, welche mit im Zuge gingen, waren in dem Costüm des vorigen Jahrhunderts, im Sammet und Seide, mit Galadegen und langer Perücke, weißen Strümpfen und Schnallenschuhen gekleidet. Sie sahen äußerst reich und elegant aus (Assel & Jäger 2014).

Der Weg dieses Zuges führte durch die Straßen der Stadt zum Römerberg; dort wurde vor dem Senat defiliert. (Dieses Ritual hat sich erhalten, wo es noch militärische Paraden gibt.) Das Schiller-Denkmal war übrigens zunächst nur in Gips gebildet; die Gestaltung in Stein erfolgte erst einige Jahre später (vgl. Assel & Jäger 2014).

3.2 Die Goethe-Feiern 1932

Die Feiern zu Goethes 100. Todestag wurden in der Goethe-Forschung wenig beachtet. Wahrscheinlich wirkt hier hemmend die zeitliche Nähe zum Folgejahr der Machtergreifung 1933. Vielleicht hindert auch das uns befremdliche Pathos an näherer Beschäftigung. Dieses ambivalente Verhältnis zum Forschungsgegenstand zeigt sich auch in der neueren Spezialuntersuchung von Hiltrud Häntzschel mit dem irritierend-befremdeten Titel „Hitler bei Betrachtung von Goethes Schädel", der einer Karikatur im „Simplicissimus" entnommen ist (Häntzschel 2008).

Abb. 6: Goethe-Feier (Cover einer Rundfunkzeitung) (Quelle: www.goethezeitportal.de; Zugriff: 31.10.2015).

Im hier gesetzten Rahmenthema ist die Festfolge des Jahres aufschlussreich, die reichsweit durch den Mitteldeutschen Rundfunk übertragen und damit für Hörer in ganz Deutschland miterlebbar wurde. Es fand also die Nutzung eines modernen Mediums zur zeitgleichen Verbreitung statt, und das zeigt zugleich dessen schnelle Entwicklung: Die erste Rundfunksendung war erst 1923 ausgestrahlt worden. Das sollte beachtet werden, wenn Goethe-Feiern des 20. Jahrhunderts uns heute veraltet erscheinen. Auch sollte bewusst gemacht werden, dass Musik und Wort in der Festfolge tragende Bedeutung zugewiesen wurde. Das übertragene Programm (bei Häntzschel 2008) macht das deutlich:

08.00 Glockengeläut

09.05 Andacht zu Goethe. Worte der Weihe, gesprochen von Professor Dr. Hans Wahl, Direktor des Goethe-Nationalmuseums, Weimar

09.30 Reichsgedächtnisfeier. Gedächtnisrede des Präsidenten der Goethe-Gesellschaft, Prof. Dr. Julius Petersen, umrahmt von Gesängen des Thomanerchors, Leipzig

11.25 Kranzniederlegung an Goethes letzter Ruhestätte in der Fürstengruft Weimar
12.30 Festkonzert (mit Vertonungen von Werken Goethes)
16.00 Goethe erlebt Italien. Eine Textfolge
17.00 Aus dem Deutschen Nationaltheater in Weimar: „Tasso“
18.15 von Frankfurt: Gedenkrede für Goethe
19.30 vom Berliner Reichssender: „Faust II.“

Die mediale Modernität (entsprechend dem jeweiligen Stand der Medien) und die dadurch ermöglichte Zentralisierung und überregionale Verbreitung des Geschehens an verschiedenen Orten wird Kennzeichen der folgenden Feste werden.

Auch die Gestaltung über einen längeren Zeitraum war neu: Vom Todestag im März bis zum Geburtstag Ende August war Goethejahr, und solche Ausweitung eines Tagesdatums zum Jahr wird ebenfalls künftige Festplanungen bestimmen.

3.3 Goethe-Feiern 1949

Einen Abriss der Feiern gibt die Überblicksdarstellung zu den Goethefeiern 1815–1982 von Sabine Hock (1999). Die vom Rundfunk ausgestrahlte Rede von Thomas Mann in der Paulskirche war in der neugegründeten Bundesrepublik ein zentrales Ereignis der Goethe-Feiern im Jahr 1949. Unpathetisch wurde von ihm gesagt, wie die Sprache der Schriftsteller – er spricht nicht von Dichtung und Kunst! – im politisch geteilten und besetzten Deutschland eine neue Funktion erhalten habe:

> „Mein Besuch gilt Deutschland selbst, Deutschland als Ganzem, und keinem Besatzungsgebiet. Wer sollte die Einheit Deutschlands gewährleisten und darstellen, wenn nicht ein unabhängiger Schriftsteller, dessen wahre Heimat, wie ich sagte, die freie, von Besatzungen unberührte deutsche Sprache ist?“ (zitiert nach Hock 1999, 7).

Dass hier eine politische Instrumentalisierung vorlag, wurde nicht thematisiert, wohl aber wurde sie überdeutlich in Berichten von Thomas Manns Reise nach Weimar 1949. Der Empfang durch Johannes R. Becher und die Verleihung des Nationalpreises der DDR wurden im Osten propagandistisch voll ausgenutzt, im Westen hingegen sehr kritisch berichtet. Mir ist bisher keine spezielle Gesamtdarstellung der Goethe-Feiern 1949 bekannt.

4 Ausblick

4.1 Entwicklung seit den 1970er Jahren

Wir begreifen erst in dieser chronologischen Betrachtung, welcher Bruch sich nach 1968 auch in der Fest- und Feierkultur vollzogen hat. Auf das Thema bezogen sei hier nur hinzuweisen auf geistreiche, aber verfremdende Darstellungen, die in den frühen 1970er Jahren breite Resonanz fanden: die ironische Erzählung von Max Frisch „Wilhelm Tell für die Schule“ (1971), die den Mythos von Wilhelm Tell destruieren wollte, und die Montage von Klaus Staeck „225 Jahre Goethe – 111 Jahre Hoechst“ (als Plakat und dann als Postkarte 1974), die Goethe – nach dem berühmten Gemälde von Johann Heinrich Wilhelm Tischbein „Goethe in der Campagna“ (1886/87) – vor der Kulisse Frankfurts zeigt, einen skelettierten Fuß in den Main haltend.

4.2 Zur modernen Event-Kultur

Zur modernen Event-Kultur sei auf den Beitrag von Hartmut Heller in diesem Band hingewiesen; hier seien nur einige Ausblicke angebracht.

Wie ein solcher Event wurde das Grimm-Jahr 2012 ausgerichtet. Es war keine Centenarfeier zum Geburts- oder Todesjahr, sondern zum 200. Erscheinen der „Kinder- und Hausmärchen“. Das Land Hessen engagierte sich, und hessische Städte wie Kassel, Marburg und Steinau zeigten ein starkes Image-Interesse für ihren Tourismus. Dazu gehörte auch ein international ausgerichteter wissenschaftlicher Kongress an der Universität Kassel. Göttingen und Berlin wurden nur marginal erwähnt.

4.3 25 Jahre Mauerfall 2014

Am 9. November 2014 wurde in allen Medien der Gedenktag an den 25. Jahrestag des Mauerfalls in Berlin zelebriert. Wir alle kennen die Bilder, Klänge, Interviews. Daran sei erinnert und gefragt, ob diese Inszenierung vielleicht ein besonderer Erfolg werden konnte durch die neue Form und durch das mitfeiernde Publikum.

Neben den medial übertragenen Klängen des Liedes an die Freude (als Kunstlied dirigiert von Daniel Barenboim) und der Nationalhymne (ganz ohne Pathos gespielt als Streichquartett) und nächtlichem Feuerwerk am Brandenburger Tor wurde auch jenseits des Zentrums an Stelle der früheren Mauer eine Markierung durch leuchtende Ballons vorgenommen, die nach und nach aufstiegen und dadurch Bewegung erzeugten, und es waren unter den Tausenden von Besuchern und Touristen viele, die zu den Ereignissen vor 25 Jahren eine persönliche Beziehung hatten.

Abb. 7: Visualisierung 25 Jahre Mauerfall in Berlin (Quelle: Tagesspiegel[5], Copyright Kulturbüro, Visualisierung: Daniel Büche).

Ich zitiere abschließend aus solch einem Bericht eines früheren Zeitzeugen und nun Miterlebenden:

> „Am Abend standen wir auf einer der Brücken am ‚Nordkreuz' (Gesundbrunnen), die über das Gewirr der vielen Gleisanlagen führen – zusammen mit Tausenden Berlinern und Gästen (wahrscheinlich über Zehntausend), dicht gedrängt. Niemand hatte diese Menschen gezwungen, sich über 90 min dort hinzustellen, um schließlich das Aufsteigen von Luftballons zu sehen. Es war wie ein Volksfest. Niemand murrte, da es einige organisatorische Probleme mit dem Zeitpunkt des Ballonaufstiegs gab. Die Freude über das Geschehen vor 25 Jahren war wieder da, dass sich alles an dieser schwer gesicherten Grenze so friedlich ‚in Luft' aufgelöst hat. Wahnsinn

[5] http://www.tagesspiegel.de/berlin/berlin-feiert-25-jahre-mauerfall-die-mauer-steigt-zum-himmel-auf/10182980.html (Zugriff: 21.07.2015).

war das immer noch geläufige Wort für etwas, was man anders nicht beschreiben konnte. […] Und beim Herunterschauen über das Brückengeländer war ich sofort wieder in der bitteren Realität der damaligen Zeit: Dort sah ich ein Gedenkkreuz für einen Mauertoten. […] Die Mauer ist zwar weg, aber die Wunden im Stadtbild sind noch an vielen Stellen zu sehen und zu spüren. […] Das alles ist noch gar nicht so lange her. Wir wollen keine neuen Spannungen in Europa!!" (Lothar Henschel, Ludwigsfelde, E-Mail vom 14.11.2014 an die Verfasserin).

5 Literatur

5.1 Zitierte Literatur

Assel, J., Jäger, G. 2014: Der Schiller-Festzug in Frankfurt am Main 1859. – http://www.goethezeitportal.de/wissen/illustrationen/friedrich-schiller/schiller-festzug-in-frankfurt-1859.html (Zugriff: 30.9.2015).

Brandt, P. 1988: Das studentische Wartburgfest vom 18./19. Oktober 1917. In: Düding, D., Friedemann, P., Münch, P. (Hg.), Öffentliche Festkultur. Politische Feste in Deutschland von der Aufklärung bis zum Ersten Weltkrieg. (= Rowohlts Enzyklopädie 462). Rowohlt. Reinbek, 89–112.

Düding, D., Friedemann, P., Münch, P. (Hg.) 1988: Öffentliche Festkultur. Politische Feste in Deutschland von der Aufklärung bis zum Ersten Weltkrieg. (= Rowohlts Enzyklopädie 462). Rowohlt. Reinbek.

Foerster, C. 1988: Das Hambacher Fest 1832. Volksfest und Nationalfest einer oppositionellen Massenbewegung. – In: Düding, D., Friedemann, P., Münch, P. (Hg.), Öffentliche Festkultur. Politische Feste in Deutschland von der Aufklärung bis zum Ersten Weltkrieg. (= Rowohlts Enzyklopädie 462). Rowohlt. Reinbek, 113–131.

Gesellschaft der Freunde der Forschungsgemeinschaft Wilhelminenberg (Hg.) 1984: Otto Koenig 70 Jahre. Kulturwissenschaftliche Beiträge zur Verhaltensforschung. (= Matreier Gespräche 1981–1983). Ueberreuter. Wien u. a.

Häntzschel, H. 2008: „Hitler bei Betrachtung von Goethes Schädel". Das Goethe-Jahr 1932 in der populären Presse. – In: Galerie 26 (1), 50–77 und leicht gekürzt: http://www.goethezeitportal.de/fileadmin/PDF/db/wiss/goethe/haentzschel_goethejahr_1932.pdf (Zugriff: 31.10.2015).

Hock, S. 1999: Von Kanonendonner zu „Radio Goethe". Ein Rückblick auf die Goethefeiern in Frankfurt am Main 1815–1982. – www.sabinehock.de/downloads/goethefeiern.pdf (Zugriff: 31.10.2015).

Klimsch, F. C. 1860: Gedenk-Buch zu Friedrich von Schiller's hundertjähriger Geburtsfeier, begangen in Frankfurt am Main den 10. November 1859. Eine Festgabe herausgegeben unter freundlicher Mitwirkung der betheiligten Körperschaften. Verlag von Heinrich Keller. Frankfurt a. M.

Liedtke, M. (Hg.) 1989: Paarbildung und Ehe. Biologische Grundlagen und kulturelle Aspekte: Otto Koenig zur Vollendung des 75. Lebensjahres. (= Matreier Gespräche 1987). Jugend und Volk. Wien u. a.

Mogge, W. 1988: Der Freideutsche Jugendtag 1913: Vorgeschichte, Verlauf, Wirkungen. – In: Mogge, W., Reulecke, J. (Hg.), Hoher Meißner 1913. Der Erste Freideutsche Jugendtag in Dokumenten, Deutungen und Bildern. (= Edition Archiv der deutschen Jugendbewegung 5). Verlag Wissenschaft und Politik. Köln, 33–62.

Mogge, W. 2013: Aufstieg und Fall eines Propheten. Gustav Wyneken, der Hohe Meißner, die Freie Schulgemeinde Wickersdorf und die Jugendbewegung. – In: Zeitschrift für Sozialpädagogik 11 (3), 249–262.

Mogge, W., Reulecke, J. (Hg.) 1988: Hoher Meißner 1913. Der Erste Freideutsche Jugendtag in Dokumenten, Deutungen und Bildern. (= Edition Archiv der deutschen Jugendbewegung 5). Verlag Wissenschaft und Politik. Köln [Darin: Gustav Wynekens „Rede auf dem Hohen Meißner am Morgen des 12. Oktobers", 293–301).

Noltenius, R. 1984: Dichterfeiern in Deutschland. Rezeptionsgeschichte als Sozialgeschichte am Beispiel der Schiller- und Freiligrath-Feiern. Wilhelm Fink. München.

Schultz, U. (Hg.) 1988: Das Fest. Eine Kulturgeschichte von der Antike bis zur Gegenwart. Beck. München.

Siemann, W. 1988: Krieg und Frieden in historischen Gedenkfeiern des Jahre 1913. – In: Düding, D., Friedemann, P., Münch, P. (Hg.), Öffentliche Festkultur. Politische Feste in Deutschland von der Aufklärung bis zum Ersten Weltkrieg. (= Rowohlts Enzyklopädie 462). Rowohlt. Reinbek, 298–351.

5.2 Weitere Literatur

Becker, E. D. 1972: Schiller in Deutschland 1781–1970. Materialien zur Schiller-Rezeption. (= Texte und Materialien zum Literaturunterricht). Moritz Diesterweg. Frankfurt a. M. u. a. [darin Kap. III: 1848–1870; 50–72],

Logge, T. 2014: Zur medialen Konstruktion des Nationalen. Die Schillerfeiern 1859 in Europa und Nordamerika. (= Formen der Erinnerung 57). V&R unipress. Göttingen.

Hartmut Heller

Die ‚Eventualisierung' unserer Brauchkultur

Zusammenfassung

Das neumodische englische Lehnwort „Event" ist, so die These dieses kurzen Beitrags, keineswegs deckungsgleich mit dem, was wir herkömmlich unter Brauchtumsterminen verstehen. Es handelt sich dabei nicht nur inhaltlich meist um Neuschöpfungen oder Multiplikationen des Gleichartigen, sondern zugleich um Veranstaltungen, die trickreich Publikum auf sich zu ziehen suchen. Solche Mittel sind unter anderem Strategien, einem Ort durch dieses Ereignis zu einer besonderen Marke mit Alleinstellungsanspruch zu verhelfen, die zunehmende Hinzufügung weiteren Beiwerks, Reizerhöhung durch Paradoxien, die Pflege runder Jubiläumsjahre, die Attraktivität historischer Kostüme, Einordnungen in Rankinglisten, forcierte Werbekampagnen. Zugleich wandeln sich in diesem Kontext auch die Akteure und Konsumenten. Statt Brauchpflicht herrschen nun Verhalten nach Lust- oder Unlustgefühlen, Beliebigkeit, Spontaneität der Mitmachentscheidung. Obenan stehen heute Schlüsselwörter wie „Spaß haben" und „feiern".

1 Einleitungsbeispiele und Datenbasis

Volkskunde, wenn sie empirisch unterwegs ist, will beobachten, ordnen, vergleichen, dokumentieren, erklären – aber, was wir oft hinzufügen, nicht werten. Abweichend davon lässt dieser Beitrag gleichwohl gelegentlich auch Meinungen des Autors anklingen.

1.1

Kürzlich, am 7.9.2014 in Jerez de la Frontera, überraschten mich in den Abendnachrichten des spanischen Fernsehens Bilder aus Nürnberg: der Hauptmarkt, an die Fassade des Rathauses bis hoch hinauf angelehnt eine hölzerne Steilrampe, auf der sich 24 weltbeste Mountainbiker tollkühn in die Tiefe stürzten. Man zählte über 84.000 Zuschauer. Ja, Nürnberg hatte es geschafft, mit diesem Giga-Event, der sich „District Ride" nannte, sogar bis nach Andalusien Aufsehen zu erregen. Zweck erfüllt, im ständigen

Wettbewerb mit all den anderen Städten mal wieder durch etwas Besonderes zu punkten! Noch vor kurzem war hier die Normalität eine andere: Wochentag um Wochentag bauten auf diesem erst 1349 künstlich aufgebrochenen Platzquadrat die Gemüsehändler ihre Stände auf; diesen regelmäßigen Rhythmus durchbrachen nur zu Ostern eine „Häfeles"- und Haushaltswarenmesse, die historisch aus dem Menschenansturm zu den alljährlich zwischen 1424 und 1523 hier durchgeführten Heiltumsweisungen resultiert, und seit dem 16. Jahrhundert ab 4. Dezember der (freilich erst wieder 1935 durch die Nazis auf den nunmehrigen Adolf-Hitler-Platz zurückgeholte) berühmte Christkindlesmarkt. Jetzt hingegen müssen die angestammten Gemüsebuden immer häufiger auf Ausweichplätze umziehen, weil andere massenwirksamere Sonderveranstaltungen Vorrang bekommen – Trempelmärkte, Weinfeste, Rockkonzerte, ein Beachvolleyballturnier, 2015 erstmals die deutsche Weitsprungmeisterschaft und ähnliches. Kritische Leserbriefe in der Zeitung mehren sich: Hier verliere ein Traditionsort durch allzu viele solche Events allmählich sein Gesicht und gehe kaputt ...

1.2

Ein zweites Beispiel nehme ich aus der brandenburgischen Altmark: Mit großer Fahne kündigte sich dort in Bad Wilsnack bei Havelberg für den 24.8.2014 ein „Pilgerfest" an. Auf den ersten Blick erscheint das stimmig, war doch die St. Nikolai-Kirche durch ein 1383 geschehenes Hostien-Blutwunder Ziel einst ganz großer Wallfahrten gewesen, die Einsiedeln und Aachen nicht nachstanden. Jedoch: Durch die Reformation in Brandenburg erlosch dieser Zulauf, wurden das Innere der Kirche und die drei Bluthostien 1552 zerstört. Wir haben es bei diesem (erst 2005 neu erfundenen) Pilgerfest also nur mehr mit einer Fiktion zu tun, einer verbalen Reminiszenz, die sich aber durchaus noch eignet, dem Ort in der Umgegend eine Sonderstellung zu verleihen und einen eintägigen Verkaufsbudenrummel samt Laienspiel in historischen Kostümen zum quasi einmaligen Event hochzuheben.

1.3

Weiteres empirisches Befundmaterial wurde in erster Linie aus Zeitungsberichten der letzten Monate gewonnen, weil diese a) am aktuellsten bevorstehende Veranstaltungen ankündigen oder/und diese dann ex post beschreiben sowie b) oft auch in ihren Formulierungen zeitgeisterhellend sind. Derart benutzte „graue Literatur" wird im folgenden Aufsatz gelegentlich, aber nicht mit jeder Notiz bibliographisch nachgewiesen.

2 Begriffsimplikationen

Wir leben heute mit vielen Anglizismen, „Event" ist einer davon. Ich schaffe mir daraus für meine Überschrift das Kunstwort „Eventualisierung" – mit drei Aspekten: Event meint zunächst schlicht ein „Ereignis", eine von irgendjemand organisierte „Veranstaltung", die mit dem Flair des Besonderen auf Publikum hofft. Wenn man Events wiederholt, jährlich zum Beispiel, nähern sie sich aber schnell auch dem altvertrauten Brauch oder Fest; schon beim zweiten, dritten Mal sagt man heute gern allzu rasch „traditionell". Das Bockbierfest in der Frauenauracher Schlossscheune „ist nach nur drei Jahren bereits zu einem Kultevent geworden. An die 500 Gäste aus nah und fern waren gekommen" (EN, 11.11.2014).

Zweitens möge man aus Eventualisierung zugleich das Adverb „eventuell" heraushören als „vielleicht", als Signal der Beliebigkeit und Unverbindlichkeit, dass man an der angebotenen Veranstaltung teilnehmen kann, aber beileibe nicht muss, dass man sich jederzeit und plötzlich, je nach Lust, Wetter oder sonstigen Umständen auch umentscheiden kann.

Und drittens beschreibt das in Eventualisierung aufscheinende verbsubstantivierende Suffix „-ung" unsere Sache evolutiv im Sinn der Kulturethologie als Verlaufsprozesse, bei denen sich mit der Zeit wahrscheinlich auch Wandlungen zeigen.

3 Brauchleben „damals" – wenn es denn so stimmt

Dieser letzte Satz lässt sofort weiter fragen: Ja, und wie funktionierte denn Brauchleben früher? Was war anders? – Grundlegender Bedingungsfaktor war stets zuerst das verfügbare Maß an Freizeit. In der vorindustriellen Gesellschaft gewährten Freizeit – jeweils aber nur nach erledigter Gottesdienstpflicht – die mit Arbeitsverboten belegten Sonntage, die zusätzlichen Hochfesttage zu Ostern, Pfingsten und Weihnachten, zahlreiche weitere Heiligentage (die aber von der Aufklärung am Ende des 18. Jahrhunderts zunehmend kassiert wurden) sowie allenfalls der Winter und die im Fabrikwesen des 19. Jahrhunderts, das den 16-Stunden-Tag und bis 1892 sogar Sonntagsarbeit kannte, besonders kurzen Feierabende. So führte, wenn ich es recht sehe, der Kirchenkalender in doppelter Weise extrasubjektive Regie: Er setzte überall und zeitgleich derselben Kanon an Terminen, die nach der Vorgabe ihres religiösen Themas von Ort zu Ort durch ziemlich ähnliche Festbräuche ausgefüllt wurden – mit Nikolausumzügen, Krippen-, Dreikönigs-, Passions-, Oster- oder Pfingstspielen, Flurumgängen, Fronleichnamsprozessionen. Dabei mitzutun, mehr für Gottes Lohn als für Geldlohn, war diskussionslos selbstverständlich. Lediglich die Kirchweihen und die katholischen Wallfahrten erstreckten sich, Dorf um Dorf, über den ganzen Sommer. Als später politische Feiertage dazukamen, zum Beispiel das Sedangedenken am 2. September und der 1. Mai, geriet auch deren Gestaltung eher ortsübergreifend uniform.

Dabei herrschte, zum zweiten, Diktat auch insoweit, als der Einzelne sich, eine Sache der Ehre, kaum je der Brauch- und Partizipationspflicht innerhalb der eigenen Wohngemeinde entziehen und stattdessen neugierig bei anderen zugucken konnte. In der großen Folklorismus-Debatte der Volkskunde wies allerdings Hermann Bausinger (1966, 67) nach, dass viele Bräuche auch früher schon Schaucharakter hatten und sehr wohl zugleich Auswärtige anziehen wollten. De facto riegelte man sich also, verkehrsbedingt natürlich in engen Radien, offenbar doch nicht ganz so hermetisch von Außenwelten ab, wie es zunächst schien, und scheute dafür auch nicht Wegkosten.

Aber: Erst als in den 1920er Jahren allmählich Urlaubsansprüche für alle entstanden (Gesetz 1933), 1956 der freie Samstag erkämpft wurde (zumindest für gut Dreiviertel der Bevölkerung) und Kirchenbindungen zunehmend nachließen, eröffneten sich neue Möglichkeiten, Freizeit zu genießen und, seitens irgendwelcher (privater oder kommunaler) Initiatoren, mit immer mehr Angeboten zu locken. Denn auch der Geldbeutel gestattete es nun, im Urlaub zu verreisen, bald neben der klassischen Sommerfrische noch Skiferien oder eine Städtetour zu planen, ein Konzertabonnement zu buchen, fürs Wochenende Eintrittskarten zu Theater, Kino und sonstigen Ereignissen zu kaufen oder einen Ausflug samt Gasthausessen zu machen.

4 Event-Kultur heute

Sagen wir es noch einmal mit dem alten Wiener Kollegen Leopold Schmidt: Leben früher fand statt in überlieferten Ordnungen. Unsere alten Bräuche riefen die Menschen zu sich aus historischer Tiefe; man repetierte termingebundene Gewohnheiten, die, reflektiert oder nicht, großenteils der christlichen Tradition des Abendlandes entstammten oder davon zumindest überformt waren. Man spürte Verpflichtung und stellte dafür widerstreitende Individualinteressen eher zurück. Aus dem Urgrund kirchlicher Verhaltensprägung investiert(e) man Mitmachfreude, besonderen Trachten- und Kleiderputz, Dekorationsaufwand auch privat daheim (Christbäume, Osterbrunnen). Weihnachten galt als Familienfest schlechthin; erst in jüngster Zeit drohen auch diesem Lockerung und Auflösung.

Ganz anders die modernen Events der Gegenwart, die man je nach Art auch Spektakel, Gaudi, Attraktion, Sensation, Hype, Happening, Fest oder unalltägliche Höhepunktsmomente nennen könnte. Sie finden fast immer im nichtpersönlichen Raum statt, deutlich im Trend moderner Extrovertierung. Sie würden nicht gedeihen ohne Werbung, weil man derlei Veranstaltungen ja erst einmal propagieren und im Zeitplan möglicher Konsumenten platzieren muss, dabei etwaige Konkurrenz überschreiend oder ihr durch einen geschickteren Termin aus dem Weg gehend (vgl. Nürnberg 2014: Orgelwoche contra Fußball-WM). Events funktionieren am besten, wenn der Typus vorher schon mal anderswo überzeugte oder bisher nie Dagewesenes verspricht. Fast alles daran ist kommerziell – Geld braucht es, um ein solches Konzept überhaupt auf die Beine zu stellen; Furcht vor Defizit, Hoffnung auf kleinen oder großen Gewinn bestimmen die Schlussabrechnung. Permanent versuchen die Macher, das Risiko abzumildern durch kommunale Zuschüsse oder Sponsoren, für Räume gegebenenfalls einen Mietnachlass. – Auf Seiten des Publikums aber waltet andererseits ohne Hemmung individuelle unberechenbare Spontaneität. Regenwetter (Wanderurlaub), Schneemangel (Skifahrer), die Kosten, eine bessere Idee, launisches Hin und Her der Wünsche können die ursprüngliche Absicht schnell über den Haufen werfen. Selbstbestimmte Wahlfreiheit paart sich mit Sprunghaftigkeit: „Fahr' ich – die großen Jahresthemen 2014 – zu Karl dem Großen (Sterbejahr 814) nach Aachen oder zur Inka-Ausstellung nach Rosenheim oder doch lieber zu 600 Jahre Konzil von Konstanz?" Plötzlich „nein, nicht heute, vielleicht demnächst" zu sagen, bleibt ohne Sanktion. Nur eine bereits vorher gekaufte Eintrittskarte bremst vielleicht solches Schwanken. Oder als Stimulus auch der psychologische Trick, dass zum Beispiel Sonderausstellungen wie die des Germanischen Nationalmuseums Nürnberg im „Dürerjahr" 1971 stets nur eine begrenzte Laufzeit haben, von der festlichen Eröffnung bis zur „Finissage"; das spornt den einzelnen Kunstgenießer an und treibt die Gesamtstatistik in die Höhe, weil nur, wer nicht zu spät kommt, an diesem Wert teilhat und mitreden kann. Im Unterschied zum normalen Museum wird die Sonderausstellung (unabhängig von ihrem per se zugkräftigen Thema) paradigmatisch zum Event durch viererlei – 1. ihre Befristung auf wenige Monate, 2. sonst nie hier zu sehende Leihexponate von oft hohem Versicherungswert, 3. in älteren Museumstrakten noch vermisste modernste Präsentationstechniken und 4. Reizpotenzierung durch Fluten von Werbeflyern –, der Erfolg immer wieder aufs Neue ablesbar an langen Warteschlangen vor den Kassen ...

Und noch mal kontrastiert: Brauch setzt Herkommen und Gemeinschaft voraus – ein Event hingegen sucht seine Interessenten überall zusammen und ist nur für einen kurzen Augenblick Schnittstelle einer sozialen Zufallsgruppe.

5 Typen und Motive von Events der Gegenwart

Natürlich gab es auch schon früher Events – wenn zum Beispiel zum Jahrmarkt ein Bärentreiber kam, am Galgen vor der Stadt eine Hinrichtung stattfand oder das Volk die Nachricht von Luthers Thesenanschlag in Wittenberg diskutierte. Sie ergänzten gewissermaßen die „alten Bräuche“. Heute indes hat sich das Mengenverhältnis deutlich hin zu den Events verschoben.

5.1 Überwölbung des Kerns durch zusätzliches Beiwerk

Wahrscheinlich gibt es keinen Lebensbereich, wo man nicht Stoff fände zum spektakulären Event. Der Sport etwa ging diesen Weg von der Körperertüchtigung zum Wettkampf bis hinauf zu den inzwischen längst überteuerten Olympiaden. Der Anfeuerung der Aktiven durch Parteigänger folgte schließlich das ganz große Geschäft mit käuflichen Fanartikeln, bizarrem Auftreten der Ultra-Anhänger, VIP-Pflege, TV-Präsenz und Merchandising. Der Ursprung gerät dabei fast schon zur Nebensache, beim Marktführer Fußball am deutlichsten, aber auch bei anderen Sportarten (z. B. Tour de France, Triathlon in Roth/Mittelfranken) – eine Überwölbung des Kerns durch zusätzliches und immer weiter wucherndes Beiwerk. Als Ziel gilt immer mehr die Ansprechbarkeit einer möglichst großen Öffentlichkeit. – Im Kleinen lässt sich das sogar bei absoluten Privathandlungen wie einer Hochzeit beobachten: Fanden solche bis ca. 1500 familienintern am Brautportal der Heimatkirche statt, danach vor deren Hauptaltar, wird heute oft alternativ ein Spektakel gesucht. Man inszeniert Eheschließungen in besonders romantischen Kapellen, die Ziviltrauung in repräsentativen Schlossräumen oder noch ungewöhnlicher unter Wasser, am Strand, auf der Zugspitze, in der Saalfelder Feengrotte, in der Gondel eines Riesenrads usw. Dazu im Originalton eine zuständige Standesbeamtin: „Es wäre schön, wenn vor lauter Event das eigentliche Jawort nicht zu sehr in den Hintergrund träte" (ADAC-Motorwelt 5.2014, 68–69).

5.2 Die Tendenz progressiven Ausbaus

1851 kamen neu die sogenannten Weltausstellungen auf, die, ob London (1851, 6 Mio.), Wien (1873, 7,25 Mio.) oder Paris (1889, 30 Mio.) sofort immense Besuchermassen mobilisierten, besonders seit sie neben Industrieprodukten zugleich auch mit folkloristischen Darbietungen lockten. Stilgleiche Landesausstellungen folgten.

1852 wurde in Nürnberg das Germanische Nationalmuseum gegründet; inzwischen ist die Zahl allgemein zugänglicher staatlicher und privater Museen allein in Bayern auf über 1350 angewachsen. In dieser Konkurrenz suchen deren Jahresprogramme den Publikumsgeschmack nicht mehr nur durch ihre eigentlichen Ausstellungsobjekte, sondern vermehrt auch noch durch verwandte Ergänzungsangebote anzusprechen, im Freilichtmuseum Bad Windsheim 2014 zum Beispiel durch mittelalterliche Handwerker, Kräuterwanderungen, ein Scheunenfest mit Country-Music, einen Ziegentag, einen Markt der Genüsse – es könnte bald zuviel werden, ähnlich wie in Tiergärten (neben spärlicher werdenden Großsäugern) die Zahl der Imbissbuden.

Vor und nach 1900 legte sich außerdem fast jede größere Stadt Theater zu, die abendliche Vorstellung allein schon durch die Festkleidung der Zuschauer als Event gehobener Schichten markiert. Parallel dazu schuf sich das Vereinswesen des 19. Jahrhunderts weitere Orchester, Chöre und Laienspielgruppen, die natürlich alle nach Resonanz strebten und durch öffentliche Auftritte Aufmerksamkeit auf sich zu ziehen suchten. Für die Werkschauen bildender Künstler gilt ähnliches; erst eine gut besuchte Vernissage samt Zeitungsbericht tags danach erhöhen sie zum Event.

5.3 Explosion und Inflation des Gleichartigen

Inzwischen ist die Palette der Möglichkeiten hochgradig ausgereizt. Viele Events wirken heute beinahe schon ubiquitär und könnten genauso an sonstigen Orten stattfinden. Indem vielfach die Erfolgsrezepte anderer kopiert und variiert wurden, entstand fast so etwas wie eine Explosion und Inflation des Gleichartigen. – Beispiel: Vor fünfzig Jahren konnte man traditionelle Weihnachtsmärkte in Deutschland, das heißt altvererbtes Adventsbrauchtum, noch an einer Hand abzählen, voran Nürnbergs Christkindlesmarkt und Dresdens Striezelmarkt. Erst ab den 1970er Jahren folgte ein wilder Neugründungsboom. Heute, 2014, weist allein der Prospekt der süddeutschen Busfirma Leitner über vierzig solche Adventsziele aus! Will man vergleichen, kann eine solche Vervielfältigung interessant sein, oft aber stumpft Wiederholung ab. Man tritt dieser quantitativen Luxurierung deshalb neuerdings unter anderem durch innerörtliche Diversifikation entgegen, will heißen durch eine Aufspaltung des einen Marktes auf mehrere Teilstandorte mit Sonderakzenten wie zum Beispiel Kinderkarussells, Ständen der Partnerstädte, „Waldweihnacht", neukreiertem Mittelalterflair (so Nürnberg-Erlangen).

Aber nicht immer gelingen solche Transfers: Gasteiner „Perchten" über den Hamburger Jungfernstieg ziehen zu lassen, wie es einmal in den 1970ern geschah, war von Anfang an ein böser Missgriff, und eine original Basler „Guggemusik" zu Gast beim Nürnberger Fasnachtszug wirkt ebenso befremdlich.

5.4 Rankings

In diesem Zustand wachsender Unüberschaubarkeit bieten sich uns mittlerweile als Ordnungshilfen, wieder mit anglophonem Ton, zunehmend auch Zertifikationen und *Rankings* an. Nun waren Wettbewerb und Rangbestimmungen durchaus auch schon dem älteren Brauchtum geläufig. Schon immer fragte man zum Beispiel innerörtlich: Wer ist der stärkste Klaubauf? Welches unter den Nachbardörfern hat den höchsten Kirchweihbaum? Entstehen anderswo noch ähnlich lange Prozessionskerzen wie bei der Wallfahrt zum Gnadenbild auf den Bogenberg über der Donau? Wer darf in Oberammergau den Jesus und die Maria spielen? Gibt es da Erbhöfe über Generationen? Indessen das Neue der Gegenwart ist, dass jetzt irgendwelche selbst ernannten, oft eher gebietsfernen Instanzen und Juroren sich anheischig machen, unter vergleichbaren Bräuchen und Events in geographisch meist sehr weitläufigem Umgriff einem den Superlativ zuzuerkennen und nächstfolgende in Ranglisten einzustellen.

Das gibt dem Nachrichtenhunger der Medien Nahrung und lässt mitunter werbewirksam sogar das Guiness-Buch der Rekorde anpeilen: Das Fränkische-Schweiz-Dorf Bieberbach gefällt sich seither mit dem Titel, dass hier alljährlich der weltweit eierreichste Osterbrunnen der Welt aufgebaut werde. Und Nürnberg habe nach wie vor den bekanntesten und schönsten aller 2500 deutschen Christkindlesmärkte (vgl. „Fest der Rekorde. Spektakuläre Superlative auf Weihnachtsmärkten", EN, 1.12.2014, 3 und EN, 15.12. 2014), Hamburg den nach Standorten weitläufigsten. Vermessen werden dabei teils echte Daten, wie zum Beispiel Ständezahlen, die Menge angemeldeter Touristenbusse, die pro Jahr an Wallfahrer ausgegebenen Hostien und ähnliches, teils aber auch rein subjektive Äußerungen (einer meist nicht näher erkennbaren Probandengruppe). Nachprüfbar sind derlei Etikettierungen selten, einklagbar gar nicht. Und wie glaubwürdig kann es denn sein, wenn 2013 verlautbart wurde, Nürnbergs Herbstvolksfest sei unter 631 Mitbewerbern das beste (Nürnberg heute 95/2013, 23), und die (in der Öffentlichkeit eher anonyme) „Internationale Beratungsgesellschaft Mercer" 2015 verbreitete, Nürnberg habe eine mit Paris und San Francisco vergleichbare Lebensqualität? Zu oft bleiben die Kriterien und Methoden solcher „Erhebungen" dubios undurchsichtig. Die aktiven Protagonisten der so bewerteten Ereignisse – Wein- und Bierköniginnen, Holzschnitzer und Zwetschgenmann-Bastler, sonstige Standlbesitzer, Laienspieler, Chöre – verschwinden bei derlei Überblicken meist ziemlich entpersönlicht hinter der Sache als solcher. An diesem Hochspielen wirken Tourismusmanager mit, unternehmerisch orientierte Sponsoren, Stadtverwaltungen, die Lokalpresse usw.

5.5 Die Kreation von Marken

Städte, Regionen, Institutionen haben längst erkannt, dass es sich lohnt, ergänzend zur überall ähnlichen Basiskultur der Theater, Museen und Jahreszeitenbräuche im Freizeitbereich auch noch mit anderen je eigenen „Marken" aufzufallen, die vermeintlich niemand sonst hat und die sich mit forcierter Bewerbung, sprich modern *Marketing* (Prospekte, Inserate, Radio- und TV-Spots, Journalistenbetreuung), somit als ortspezifisch und quasi einzigartig hochglanzpolieren lassen. Dem Erfindungsreichtum sind hier kaum Grenzen gesetzt. Sie versprechen Alleinstellungsmerkmale, Identität, Profil, Prestige und stechen im Erfolgsfall Nachbarn in Tourismusbilanzen aus. Am begehrtesten ist da natürlich das jährlich von der EU verliehene Label „Kulturhauptstadt". Aber auch mit einem Opernball könne sich Nürnberg „internationaler darstellen", meinte kürzlich ein Lokalpolitiker (EN, 25.9.2014, 11). So schufen sich Nürnberg ferner alljährliche Ankerpunkte durch sein „Bardentreffen", eine „Blaue Nacht" und die Herbstaktion „Stadtverführungen", mein Wohnsitz Erlangen durch sein „Poetenfest" und den „Comic Saloon", Bad Tölz durch seinen (erst in den 1920er Jahren künstlich erneuerten) Leonhardiritt, Coburg seit 1991 durch ein Samba-Festival, und die Kleinstadt Roth in Mittelfranken schuf sich ihren Ruf als Triathlon-Hochburg. Und, schon gesagt, nicht die Dauerbestände eines Museums, sondern möglichst klangvolle Sonderausstellungstitel sind es, die den Ort ins Gespräch bringen und Besucherströme ankurbeln. Im Idealfall verfestigt sich ein solches Produkt schließlich sogar innerörtlich und im Medienbewusstsein gleichsam als dieses Ortes „fünfte Jahreszeit". Die bierselige Münchner „Oktoberfestwies'n" hat es soweit gebracht, in Erlangen die „Bergkirchweih" nach Pfingsten, in Straubing die „Gäubodenwoche", in Abenberg der „Gillamoos", am Rhein der Karneval oder die schwäbisch-alemannische Fasnacht, deren Narrenzünfte übrigens meist erst nach dem Zweiten Weltkrieg entstanden sind. Im Extrem krallt sich eine solche Marke schließlich so stabil in den Köpfen ein, dass sie, ohne an Identität einzubüßen, sogar vom Ursprungsort abwandern kann; per Gericht vom Nürburgring in der Eifel vertrieben nimmt Marek Lieberberg, der Erfinder des Rockspektakels „Rock am Ring", nun 2015 Sache und Namen mit nach Nordrhein-Westfalen (wie ähnlich einst die „Love Parade" von Berlin – tragisch – nach Duisburg wechselte).

5.6 Grenzüberschreitungen, Bühnenwechsel, Mischformen, Paradoxien

Ein besonderer Kunstgriff unserer Zeit scheinen darüber hinaus Verfremdungen zu sein. Man verlegt altbekannte (Brauch-)Handlungsmuster auf dafür bisher schier undenkbare Spielstätten, steigert Wirkungen nach *Crossover*-Art, indem man zum Beispiel Opernstars und Orchester der Spitzenklasse in gleichermaßen herausragende Bauensembles hineinstellt wie die Caracalla-Thermen in Rom und die Arena von Verona (vgl. dazu unter anderem die Prospektserie „Kultimer" des renommierten Reiseveranstalters Studiosus sowie auch Punkt 4.7 dieses Beitrags), konterkariert normale Jahreszeitenbindungen und erzeugt so oder anders verblüffende, weil paradox ungewohnte und erst dadurch reizvolle Kombinationen. Alle wollen vom großen Freizeitgeschäft profitieren, und so soll das Publikum damit neugierig gemacht werden auch auf bis dato eher namenlose Ziele. Zählen wir beispielhaft auf: vielerorts Sommerrodelbahnen (Pottenstein, Pleinfeld), Baumwipfelpfade, künstliche Kletterfelsen, meerferne Salzwasser-Badetempel (Windsheim). Eissport, wofür es früher einen winterlich zugefrorenen Teich brauchte, wird nun innerstädtisch und wetterunabhängig möglich durch Eissporthallen oder, neuerster Schrei, sogar neben den Weihnachtsmärkten auf manchen Innenstadtplätzen aufgespritzte Schlittschuhareale, kurzfristig zwar, aber umso mehr mit Energieaufwand für die zugehörige Kühltechnik befrachtet (Beispiele: München am Stachus, „Erlangen in Ice" seit 2012 vor dem Schloss). Von weither wird Schnee angekarrt, um große Messehallen gelegentlich zu Pisten für Alpinskirennen umzufunktionieren (vgl. auch den „Snow Dome Bispingen" an der A 7 bei Lüneburg), und in Wintersportgegenden hofft man, ohne Rücksicht auf Naturschutz, mit Schneekanonen sogar dem drohenden Klimawandel trotzen und die gefährdete Skisaison retten zu können. Bizarre Einfälle auch zu Ostern, abermals in meinem Wohnort Erlangen, wo 2015 zu einem „interaktiven Kreuzweg" durch einen Bierkeller eingeladen wurde (EN, 4.4.2015)! Im Sommer der Binnenlandstädte macht sich derzeit eine noch mal andere Simulation breit: „Sandstrände" mit Liegestühlen à la Nordsee- und Ostseeküste, aufgeschüttet auf Großstadtpflaster, sogar ganz mittendrin in urbanen Zentren Süddeutschlands, wie zum Beispiel in Nürnberg auf einer Pegnitzinsel und, erstmals 2014, wiederum auf dem Erlanger Schlossplatz – beide bisher hochpositiv bejubelt. Der Alpenforscher Werner Bätzing (EN, 5.8.2014) indes kommentierte derlei Anstrengungen jüngst wie folgt: „Diese Inszenierungen haben kurzzeitig einen Wow-Effekt, aber schon im übernächsten Jahr sind sie überholt – dann muss die nächste Attraktion geschaffen werden, die noch spektakulärer ist." Im gegenseitigen Wettlauf der Orte werden die Dinge austauschbar; rasch geht der anfängliche Wettbewerbsvorteil wieder verloren ...

5.7 Freilichtkonzerte, Naturtheater, Historienspiele

Im Sommer entleeren sich die Städte, die Leute fahren in die Feriengebiete. Stadtväter mögen diese Verödung nicht und suchen ihr vielerorts entgegenzuwirken durch Events für die Daheimgebliebenen, gern aber auch für Gäste von auswärts. So kommt es ab Juni/Juli zur Saison der Freilichttheater und Freiluftkonzerte, von denen das doppelte „Open-Air-Classic" im Nürnberger Luitpoldhain angeblich mittlerweile das größte in ganz

Deutschland ist; es versöhnt in staunenswerter Weise auch Jugendliche mit konservativer Musik des 18./19. Jahrhunderts und spornt die oft schon ab Mittag auf der Wiese wartenden Zuhörer überdies zu sehenswerten kulinarischer Lagerfeuerromantik an. Ähnlich renommiert verzweigen sich inzwischen auf mehrere Orte der Region die Musikreihe „Fränkischer Sommer", die Konzerte in historischer Architektur anbietet, oder oben im Norden das „Schleswig-Holstein-Festival". Dass die Gefahr schlechten Wetters diese Termine freilich oft zu spannenden Mutproben macht und für die Veranstalter auch zum unkalkulierbaren Finanzrisiko, ist eine weniger schöne Kehrseite. 2013 zählte der Deutsche Musikrat bereits ca. 500 solche Festivals in Deutschland – und klagte, das sei zuviel (EN, 21.7.2014). Dorthin flössen kommunale und staatliche Fördermittel, die dann den altetablierten festen Häusern (ehemalige BRD ca. 90, DDR 61) und Orchestern (zusammen ca. 130) fehlten. Schon jetzt drohten diesen vielerorts Kürzungen oder gar Schließungen (z. B. Wuppertal, Duisburg, Eisenach, Neustrelitz). Mit diesem Preis für Events wolle man sich nicht abfinden!

Abseits der Oberzentren blühen in dieser Jahreszeit zugleich die schon klassischen und immer weitere neue Festspielbühnen auf, die als Kulissen Domtreppen (Schwäbisch Hall), Kreuzgänge (Feuchtwangen, Langenzenn), Burgruinen (Götz von Berlichingens Jagsthausen), Felsenmeere (Luisenburg bei Wunsiedel), einen Römersteinbruch (St. Margareten) oder Seeufer (Bregenz, Mörbisch) nutzen und ihren Anrainerstädtchen neben saisonalem Glanz auch hochwillkommene Geldzuflüsse in die Provinz anregen. Wird hier im Wechsel Stadt-Land trotzdem mit größter Theaterprofessionalität agiert, wollen die Laiendarsteller zahlloser Historienspiele in Kleinstädten und Burgorten ihre Gäste mit gehörigem Lokalstolz zugleich auch für große Momente ihrer Heimatgeschichte interessieren. Exemplarisch für hundert andere nenne ich hier die „Kinderzeche" im fränkischen Dinkelsbühl, den Rothenburger „Meistertrunk", die „Wallenstein-Festspiele" in der früher nürnbergischen Universität Altdorf, den aus Fronleichnamsprozessionen übrig gebliebenen „Further Drachenstich", den ungebärdigen Panduren Trenck in Waldmünchen (Opf.) oder die „Störtebeker Festspiele" in Ralswiek auf Rügen. Vor malerischen Baukulissen und mit alten Kostümen, all dies oft noch garniert mit Gauklertreiben, Ritterturnieren oder Mittelaltermärkten, offerieren solche Events ihren Besuchern nicht zuletzt das Gefühl, aus üblichem Alltragstrott ausbrechen, ja für ein Weilchen sogar aus der eigenen Zeit springen und sich nostalgisch ergehen zu dürfen. Dass Gegenwartsmenschen seit dem 19. Jahrhundert in ihrer Freizeitgestaltung derart immer wieder gern in historische Umwelten und Problemsituationen einzutauchen belieben, lässt aufmerken. Seit der Romantik, und das wiederholt sich seit etwa zwanzig Jahren auffällig, ist es dabei vor allem das Mittelalter, das fasziniert. „Mittelalterliches" gilt in unseren Tagen retrospektiv offenbar als besonders werthaltig (vgl. Gasthäuser mit „Ritteressen"). Begründen könnten uns das vielleicht nur Psychologen. Handelt es sich dabei lediglich um eine kognitive Kehrtwendung? Oder zugleich um ein emotionales Flüchten aus weniger schönen eigenen Zeiten? Oder gar um Sehnsucht nach Gewesenem? Um, wie es der spätere Papst Benedikt XVI. aus anderem Anlass, nämlich der Fußballweltmeisterschaft 1978 sagte, um ein „Heraustreten aus dem versklavenden Ernst des Alltags", quasi um eine „versuchte Heimkehr ins Paradies" (EN, 11.7.2014)? Freilich: Ging es denn zu irgendeiner Zeit auf Erden wirklich paradiesisch zu?

5.8 Die Magie runder Zahlen

Bleibt noch ein letzter Typus von Events zu behandeln, der sich quasi von selbst generiert durch die Zauberkraft sogenannter runder Gedenkjahre: 100, 50, 25, ... (Sie kommt aus der Tradition „heiliger Jahre", wie sie christkatholisch seit dem 14. Jahrhundert ausgerufen wurden.) Sie veranlasst fast zwanghaft zu Stadtjubiläen, zur Erinnerung an sonst wichtige lokale und landesweite Geschichtsdaten, die Erhebung eines Doms oder die Geburts- beziehungsweise Todestage historischer Persönlichkeiten, Musiker, Künstler, Dichter, Dürer, Wagner, Verdi, Gluck, ... Jede Kommune sieht darin eine Chance, sich im Glanz ihrer Geschichte zu sonnen – und damit gleichzeitig dem örtlichen Fremdenverkehr frische Impulse zu geben. Ideal, wenn dazu das Haus der Bayerischen Geschichte oder österreichische Bundesländer vor Ort sogar eine Landesausstellung ausrichten! Das Event wird dann ein Jahr lang meist in dicken Serien unterschiedlich gut besuchter Einzelveranstaltungen abgefeiert, oft allerdings fast bis zum endlichen Überdruss. Kleine Ungenauigkeiten, wenn sich zum Beispiel 2014 die Regensburger Gedenkausstellung „Wir sind Kaiser" in Wahrheit auf die Königswahl Ludwigs des Baiern 1314 bezog – na ja, ein kleiner Schönheitsfehler halt. Und selbst Irrtümer schaden da nicht wirklich: Dass Augsburg 1985 sein 2000-jähriges Bestehen zelebrierte, während man neuerdings die Stadtgründung erst für das Jahr 15 nach Chr. ansetzt, wurde zwar in der Presse als „Lachnummer“ kommentiert (EN, 20.12.2013), doch wird sicher auch 2015 nicht ohne einschlägige Events vorüber gehen. Denn solche Prachtmanöver ernähren ja auch Reisebüros, Buchhandlungen und andere Branchen im weiten Hinterland (vgl. Katalog Merz-Reisen, Gnadenberg bei Neumarkt 2014, 8, 9, 13).

Nürnbergs „Dürer-Feier“ 1828 zum 300. Todestag sei die früheste Inszenierung eines Künstlerjubiläums überhaupt gewesen, liest man. Man kann aber noch weiter zurückgehen und sagen, dass all diese Praxis, runde Jahre zu überhöhen, schon bei Papst Bonifaz VIII. ihren Ausgang nahm, der 1300 als „heiliges Jahr“ ausrief und fortan jede Jahrhundertwende derart ausgezeichnet wissen wollte. Ab 1450 begann man zudem die kürzeren 50- und 25-Jahr-Schritte zu beachten, so wie schon die alten Hebräer in 50jährigem Rhythmus zur Bodenverteilung das Widderhorn (hebräisch jobel) bliesen (Gerndt 1986, 24), was ein besonders schönes Beispiel für den langen Atem unserer Kulturentfaltung und bisweilen auch ihrer Profanierungen ist.

6 Schlussbemerkung

Keine Frage: Das moderne Event-Wesen ist mittlerweile allgegenwärtig und gehört geradezu stilbildend mit zu den Lebensformen unseres 21. Jahrhunderts. Unüberhörbar heißen Schlüsselworte der jungen Generation von heute: „Spaß haben“ und „feiern“. Wir können uns ihrer nicht mehr entziehen, nicht im säkularisierten Alltag und nicht einmal im Feld Religion. Und so kommt es, dass selbst hochseriöse Traditionsveranstaltungen wie die großen evangelischen und katholischen Kirchentage von ihrer Klientel heute nicht mehr nur gottsuchend und wegsuchend, sondern ebenso, zumal von der Jugend, auch als richtig „tolle“ Events wahr- und angenommen werden. Freilich: War das einst zum Beispiel bei Wallfahrten im Barock nicht schon genauso? – Solch rückfragende vergewissernde Vorsicht macht Kulturethologie nie leicht!

7 Literatur und Quellen

7.1 Zitierte Literatur und Quellen

Bausinger, H. 1966: Zur Kritik der Folklorismuskritik. – In: Bausinger, H. (Hg.), Populus revisus. Beiträge zur Erforschung der Gegenwart. Arbeitstagung des Ludwig-Uhland-Instituts Ende April 1966 mit dem Rahmenthema „Das Volksleben unserer Zeit" (= Volksleben 14). Tübingen, 61–75.

Gerndt, H. ^{2}1986: Kultur als Forschungsfeld. Über volkskundliches Denken und Arbeiten. (= Münchner Beiträge zur Volkskunde 5). München.

Zeitungsartikel insbesondere aus den „Nürnberger Nachrichten" beziehungsweise den „Erlanger Nachrichten" (Kürzel EN) sowie Zitate aus Reiseprospekten und anderen Werbeträgern werden hier nicht gesondert aufgelistet, sondern direkt im Text mit ihrem Erscheinungsdatum nachgewiesen.

7.2 Weiteres Belegmaterial in kleiner Auswahl

Diefenbacher, M., Endres, R. 1999: Stadtlexikon Nürnberg. Thümmels. Nürnberg, hier 227 und 414.

Heller, H. 1990: Zur Luxurierung der Historienspiele in Dinkelsbühl und Rothenburg a. d. T. – In: Frankenland 42 (7), 228–237.

Kühne, H., Ziesak, A.-K. (Hg.) 2005: Wunder, Wallfahrt. Widersacher. Die Wilsnackfahrt. Pustet. Regensburg.

Roland Girtler

Rituale der Mannbarkeit bei Jägern und Wilderern – die Bedeutung des Mutes

1 Einleitende Gedanken

Rituale helfen dem Menschen bei der Bewältigung seiner Existenz. Rituale stiften Gemeinschaft und binden ein in den Lauf der Zeiten. Sie geben Sicherheit, weil sie sich wiederholen und vom Fortbestand der eigenen großen oder kleinen Welt künden. Rituale sichern die Übergänge von Geburt, Erwachsenwerden, Heirat und Tod, sie sichern aber auch das Leben im Alltag zum Beispiel durch Grüßen, Komplimente und Mutproben – dies ist charakteristisch für jede Gesellschaft und daher auch wichtig für kulturethologische Betrachtungen. Im Folgenden möchte ich zeigen, wie bei Jägern und Wilderern junge Männer Rituale durchführen und Wissen erwerben. Zu solchen Ritualen gehören das Bestehen von Abenteuern, Feste, der Umgang mit Mädchen und ähnliches.

Mannbarkeitsrituale, wie sie Jäger und auch Wilderer kennen, helfen dem jungen Mann auf dem Weg des Erwachsenwerdens, aber auch dabei, die Anerkennung Gleichaltriger zu erwerben. (Wenn ich im Folgenden mich eher auf männliche Jugendliche beziehe, so dies vor allem darum, weil Jäger- und Wilderergesellschaften traditionell männlich ausgerichtet sind). Besondere Rituale und Symbole beziehen sich auf die Verwegenheit der Jagd. Ein besonderer Mut ist für Jäger und Wilderer notwendig, um sich geradezu rituell der Gams zu nähern. Symbolisch drückt sich dieser Mut schließlich im Gamsbart, der auf dem Hut getragen wird und mitunter auch die Mädchen beeindruckt. Im Wesentlichen gleichen sich gewisse Rituale bei Jägern und den klassischen Wilderern. Den klassischen Wilderer, wie er noch in den fünfziger und sechziger Jahren des vorigen Jahrhunderts in Gebirgsgegenden unterwegs war, gibt es heute nicht mehr gibt, er ist typisch für Kulturen der Armut. Die heutigen Wilderer sind meist Autowilderer, die vom Auto aus das Wild erlegen und denen es nur um die Trophäe geht. Sie sind Kriminelle, die im Gegensatz zum klassischen Wilderer die Sympathie der Gebirgsbewohner nicht genießen.

Die folgenden Ausführungen beruhen zum Teil auf eigener Forschung und vor allem Gesprächen mit alten, früheren Wilderern. Den Zugang zu diesen fand ich, da ich als Sohn von Gebirgsärzten in einer typischen Wilderergegend im Toten Gebirge aufgewachsen bin und seit meiner Kindheit einige der alten angesehenen Wilderer kannte und kenne, soweit sie noch am Leben sind. Über dieses Thema der Wilderer habe ich ein Buch verfasst, auf welches ich mich zum Teil hier berufe (Girtler 1988).

2 Der Wilderer als traditioneller sozialer Rebell – ein historischer Rückblick

Der klassische Wilderer, den es bis in die sechziger Jahre dieses Jahrhunderts und in Relikten bis heute in Gebirgsgegenden Österreichs und Bayerns gab beziehungsweise gibt, baut auf einer langen Tradition sozialen Rebellentums auf. Er wurde zur Symbolfigur der vor allem armen Gebirgsbauern gegen die sie ausbeutende und sie degradierende Aristokratie. Diese hatte unter anderem auch das Recht zur Jagd für sich alleine in Anspruch genommen und Bauern und Bürger davon ausgeschlossen. Der Wilderer, der dem noblen Jagdherrn die Gams oder den Hirsch wegschoss, berief sich stolz auf altes Recht, nach dem auch der Bauer das Recht zur Jagd gehabt hatte. Es standen sich also zwei Rechtsordnungen gegenüber: das formelle Recht der Landesherrn, die die Jagd als fürstliches Vergnügen ansahen, und die informelle Normenordnung der Bauern, die nicht einsehen wollten, dass sie nicht jagen durften. Die Bauern taten dies aus gutem Grund, denn nach altem germanischem Recht hatte jeder freie Bauer das Recht zur Jagd. Erst mit der Übernahme des römischen Rechtes in den deutschen Landen änderte sich Grundlegendes. Nach diesem gehörte alles herrenlose Gut, auch das Wild, dem König und dem Adel. Der Bauer, der immer mehr in Abhängigkeit von den Landesherrn geraten war, litt unter dem Schaden, den das „adelige" Wild an seinen Äckern anrichtete, und griff zur Schusswaffe. Es entwickelte sich auf diese Weise eine Kultur des Wilderns vor allem bei den Bauern im Gebirge, deren Armut und Hunger nach einem Stück Wild gross war (siehe Girtler 1988).

Der Wilderer zeigt sich somit als typischer „sozialer Rebell", nämlich als jemand, der für die Entrechteten geradezu rituell zur Waffe greift und von diesen als eine wichtige Figur gesehen wird, mit der man sich stolz identifizieren kann. Ein solches soziales Rebellentum findet sich in all' den bäuerlichen Kulturen, in denen Landes- beziehungsweise Grundherrn auf dem Rücken einer armen oder verarmten breiten Bevölkerung ein Leben in Verschwendung und Übermut führen konnten. Soziale Rebellen traten als

Briganten in Süditalien auf, sie setzten sich für die Bauern in Sardinien ein, sie kämpften gegen die ausbeuterische Schicht in England, und als Wilderer waren sie die Gegner der adeligen Jagdherrn in den Alpengebieten.

Sie waren die „Helden der kleinen Leute“ und genossen bei diesen als Robin Hood, als Salvatore Guiliano oder als Wilderer Jennerwein hohes Ansehen. Auf diese Weise wurden sie zu Heroen und zu Sinnbildern im Kampf gegen eine menschenunfreundliche Oberschicht (vgl. Hobsbawm 1962).

Besonders in der Gestalt des Wilderers erwuchs im Gebirge eine Heldenfigur, die bis in die letzte Zeit mystifiziert und romantisiert wurde und weiter wird. Der Wilderer wird als jemand gesehen, der sich das Recht holt, welches die „hohen Herren“ dem „kleinen Mann“ genommen hatten. Die Aristokratie sah schon sehr früh in den Wilderern ihre Feinde, die ihnen ihr Jagdvergnügen nehmen wollten. Zur Jagd als einem Symbol höfischer Lebensart wollte man den Bauern nicht zulassen und bestrafte ihn daher grausam, wenn er als Wilderer erwischt wurde. So befahl 1665 in Salzburg Kardinal Erzbischof Guidobald Graf von Thun, Wilddiebe gefangen zu nehmen und sie dann nach Venedig zu schicken, um sie dort in den Galeeren anzuschmieden (vgl. Girtler 1988, 20ff.).

Als soziale Rebellen waren die Wilderer für die Menschen im Gebirge keine Verbrecher, vielmehr wurden sie zu kühnen Verfechtern alter Rechte und zu Demonstranten gegen eine ausbeuterische Herrenschicht. Die Kultur des Wilderns ist eingebettet in die Welt der Menschen im Gebirge, für die das Wildern eng mit Mannbarkeitsritualen und sozialem Rebellentum verknüpft ist. Die Gams als herrschaftliches Symbol spielte hiebei eine wichtige Rolle.

3 Die Gamsjagd als Ausweis der Mannbarkeit

Eine besondere Anziehung für Jäger und Wildschützen hatte die Gams, da sie fernab der Siedlungen in felsigen und schwer zugänglichen Regionen sich aufhält. Der Gamsjäger musste ein guter Bergsteiger sein, um überhaupt in die Nähe der Gams zu gelangen, und er benötigt Kraft, um das erlegte Tier zu Tale zu tragen. Der Gamsjäger hatte daher stets ein höheres Prestige als der Jäger, der bloß nach Hasen, Rehen und Hirschen pirschte.

Ein in Ehren ergrauter Wilderer meinte zu mir, ihn habe nur die Gams interessiert, denn um einen Gamsbock zu erlegen, brauche man Kraft und „Schneid“ (Mut). Diese Bedeutung der Gams für die Wilderer hebt auch der Botaniker Schultes, der um 1800 im Gebiet des niederösterreichischen Schneebergs unterwegs war, hervor. Seine Beschreibung ist interessant, da sie auf die alte Kultur der Wilderer verweist:

> „So wie alle Gebirgsbewohner sind auch die Bauern um den Schneeberg passionierte Jäger, das heißt auf deutsch: Wildpretschützen. Man braucht nur das Wort Gemse fallen zu lassen, um die Bauern an allen Tischen der Schenke zu elektrisieren. Um einer Gemse willen versäumt der Bauer Arbeit einer halben Woche, wagt die Strafe der Herrschaft [!] und besteht alle Mühseligkeiten und Gefahren eines Gemsenjägers [!]“ (Schultes 1802/ 1982, 111).

Auch ein anderer Autor, Anton Schlossar, bezieht sich 1879 auf das „ererbte Jagdrecht“ vor allem des Gamswilderers:

> „Dem eigentlichen ‚Jäger‘ tritt nun in den Bergen freilich noch eine Gestalt zur Seite, nicht minder unentbehrlich für die Charakteristik der Gebirgslandschaft, nämlich der Wildschütz, der ‚Wildpratschütz‘, wie er eigentlich im Volksmund heisst. Der Wildschütz rekrutiert sich aus der ganzen männlichen Bevölkerung der Gegend, mit Ausnahme natürlich des berechtigten Jägers, er betrachtet es als eine Verhöhnung der ihm von Gott gegebenen Rechte, da es verboten sein soll, ‚Gamserl‘ zu schießen, und gerade für diese so gefährliche Jagd ist er am meisten eingenommen, jeder Gang zum ‚Dirndl‘ auf die Alm bietet Gelegenheit, offen oder verborgen den Stutzen mitzunehmen, und nicht selten bringt er bei der Rückkunft einen feisten Gamsbock mit, unbekümmert um alle Paragraphen des Strafgesetzes, deren Bestimmung er nur als eine Entehrung seiner Würde ansieht [...]“ (Schlossar 1879, 245f.).

Der Gamswilderer hatte den Ruf des verwegenen Burschen, der mit einigem Stolz sich über die Verbote des Jagdherrn hinwegsetzt.

Bis lange nach dem Zweiten Weltkrieg galt das Wildern als Beweis für Mut und Liebe zum Abenteuer. Konnte der junge Bursche darauf verweisen, ein guter Wildschütz zu sein, so konnte er mit der Hochachtung der anderen jungen Burschen rechnen. In gewisser Weise ähnelt somit das Wildern des jungen Mannes den Initiationsritualen in alten Kulturen. Für gewöhnlich geht ein solches Initiationsritual mit Mutproben, mit dem Aufsichnehmen von Schwierigkeiten, wie einem Aufenthalt in einer unwirtlichen Gegend, und schließlich mit der Aufnahme in die Männergesellschaft einher (vgl. van Gennep 1909).

Die Gams wird zum Attribut des wahren Wilderers. Das Wildern und speziell das Gamswildern ist demnach eng mit dem jungen, mannbar gewordenen Burschen verbunden. Das Wildern verschafft Selbstbewusstsein und das Gefühl, zum Manne gereift zu sein. Es handelt sich hiebei zwar um kein Ritual mit festen Zeremonien, aber das Typische des Initiationsrituals wird auch hier offenbar.

Diese Charakteristik des Wilderers als eines kühnen Mannes, der den Gamsen nachstellt und bei den Mädchen beliebt ist, wird auch in den folgenden, aus dem Jahre 1915 stammenden Sätzen deutlich:

> „Im Ennstal ist den Bauernburschen eine Art ritterlicher Sinn eigen, der sich im Wildschützenleben ausprägt; derjenige Bursch, der der kühnste Wilderer ist, gilt in der Bevölkerung als eine Art Heros. Der Bursch, der mit einer bockledernen Hose zur Kirche geht, gilt in den Augen der Bauernmädchen nichts; eine gamslederne [!] Hose muss er haben. Denn einen Burschen, der sich vor den Jägern fürchtet und sich nicht traut, ein Gamserl [!] zu schiessen, den mag ein Dirndl nicht. Ein solcher Bursch bekommt höchstens ein Mädchen, das die Wilddiebe nicht mögen“ (Achleitner, zitiert nach Aberle 1981, 154).

Der echte Wildschütz, der der Gams nachstellte, musste ein guter Bergsteiger sein. Es ist bemerkenswert, dass es in den Gesäusebergen einen so genannten „Peternpfad“ gibt, benannt nach einem Gamswilderer, der unter dem Namen „Schwarzer Peter“ bekannt war. Um 1850 soll, so wird erzählt, er das erstemal auf diesem Pfad durch die Gesäusewände gestiegen sein. Die Jäger versuchten zwar regelmäßig, den Schwarzen Peter einzukreisen, doch es gelang ihm jedesmal, auf diesem Steig zu entkommen. Die Jäger standen vor einem Rätsel. Erst auf seinem Totenbett schilderte der Wilderer dem Forstmeister Rodlauer aus Admont den Verlauf dieses Pfades. Heute ist der Peternpfad ein beliebter Klettersteig.

Wie verwegen Gamswilderer waren, schildert der Erforscher des Dachsteins und Bergmaler Friedrich Simony. Simony war 1846 mit einem Burschen aus Hinterstoder auf dem Großen Priel unterwegs.

Dieser Bergführer Simonys entpuppte sich während der Tour als Wilderer, was Simony höchst erstaunte, so dass er über dessen Strategien des Wilderns begeistert dies schrieb:

> „Zu meiner nicht geringen Verwunderung bemerkte ich mit einemmal an der Seite meines Führers ein Ding, welches er erst seit einigen Minuten, als er für einen Augenblick verschwunden war, herbeigeholt haben konnte, ein Ding, welches einer Kugelbüchse auf das allertäuschendste ähnlich sah. [...] Am Rotgeschirr, einer mächtigen vielgezackten Wand, um deren Fuß sich ganz besonders wild zerklüftete Felsenkarre hinziehen, wurde halt gemacht. Sepp [...] spähte [...] nach dem Rotgeschirr hin, von dessen Abstürzen zeitweilig ein leises Geräusch wie von fallendem Schutt herbeitönte. Endlich zog er ein kleines Perspektiv hervor und schaute unverwandt nach dem zerrissenem Grat. Bald hatte er auch eine Gemse [!] entdeckt, die auf einer der höchsten Zacken Schildwache hielt. [...] Jetzt litt es den Schützen nicht länger: In aller Schnelligkeit wurden aus dem Ledersack ein paar Filzsandalen [!] hervorgeholt, an den Füssen befestigt, dann die Spitze des Stockes mit einem Lappen umwickelt. Ohne weiter ein Wort zu verlieren, nahm er seine Büchse und verschwand zwischen dem Geklippe. Lange blieb er meinen Blicken entzogen, bis ich ihn mitten in der Wand des Rotgeschirrs als einen dunklen Punkt langsam vorwärts bewegen sah. [...] Sein Körper schien gleichsam durch magnetische Kraft an den Felsen gehalten sein. Gleich darauf hörte ich mehrere gellende Pfiffe nacheinander, die von dem Schützen auszugehen schienen. [...] Plötzlich wirbelte leichter Rauch auf, dann folgte ein dem hundertfachen Echo sich wiederholender Knall. [...] Eine Stunde später stand der Schütze, belastet mit einem prachtvollen Gamsbock vor mir, hocherfreut, daß sein Gang sich gut gelohnt habe" (zitiert nach Lehr & Lintner 1985, 23f.).

Der Gamswilderer verfügte also, wie Simony mit deutlicher Bewunderung festhält, über einige Fertigkeiten, um zu dem Wild zu gelangen und es zu erlegen. Die Jagd auf die Gams ist schwierig und adelte den, der vor allem als Wildschütz hinter ihr her war.

4 Ansehen der Wilderer und ihr Ehrenkodex

Die klassischen Wildschützen waren hoch angesehen, wenn sie sich an gewisse Regeln hielten. Die echten Wildschütze hatten auch einen Ehrenkodex, nach diesem war es zum Beispiel verpönt, Schlingen zu legen, durch die das Wild elendiglich umkommt, oder einem Kitz die Muttergams wegzuschießen. Den unwaidmännischen Wildschütz bezeichnete man auch als „Raubschützen", überhaupt wenn er sich auf einen Kampf mit dem Jäger einließ.

In Liedern werden die ehrbaren Wildschützen besungen. Die Gams steht dabei im Mittelpunkt, wie in diesem gern gesungenen Wildschützenlied aus dem Salzkammergut:

„An einem Sonntagmorgen
recht zeitig in der Fruah,
nimmt der Wildschütz sein Stutzerl,
und geht dem Gamsgebirg zua.
Er woass ja die Weg so schön,
wo die schen' Gamserl [!] stehn,
drin im Gebirg.

Und a Gamsal [!] hat er g'schossen,
hoch droben auf der Hoad,
jetzt will er's auswoaden,
ziagt's Messer aus der Schoad.
Der Jaga hat eahm lang zuag'schaut,
hat si net zuwi traut, bis daß er schlaft.

Und der Wildschütz hat g'schlafen,
dann hat er si traut,
er nimmt dem Wildschütz sei Stutzerl,
hat sakrisch zuag'haut.
Der Wildschütz springt auf vom Schlaf,
stürzt über'n Fels in a G'sträuch.

Und den Jaga druckt's G'wissen
und dem Wildschütz sein Bluat,
und jetzt möcht er gern wissen,
was der Wildschütz drunt tuat:
Aber Jaga, liabsta Jaga mein,
bind ma meine Wund'n ein
und still mir's Bluat.

Und der Jaga bind eahm d'Wund'n ein
und stillt eahms Bluat:
Aber jetzt muaßt mit mir gehn,
ins Salzkammerguat!

Bevor i mit an Jaga geh',
lass i mei Leib und Seel
und mein jungs Bluat
fürs Salzkammerguat!"
(zitiert nach Fuchs 1936, 128f.)

5 Bauernburschen und Arbeiter

Zu den Bauernburschen, die wilderten, gesellten sich nach den letzten Kriegen im Gebirge auch in Armut lebende Arbeiter. So erzählte mir Frau Gertrud Voh, die in Ebensee am Traunsee aufwuchs, dass es unter den dortigen Arbeitern in der Saline und im Sodawerk einige kühne Wildschützen gegeben habe. Sie kann sich an einen Arbeiter erinnern, der in ihrer Nachbarschaft in einem Wohnhaus für mehrere Arbeiterfamilien mit Frau und Kindern wohnte und um 1950 als Wildschütz häufig unterwegs war. Wenn er in den Felsen pirschte, schaute seine Frau mit einem Feldstecher vom Küchenfenster aus ihm bei der verbotenen Jagd zu – in der Hoffnung auf einen guten Schuss auf eine Gams. Sah sie ihn mit einem vollen Binkerl, also mit einem vollen Rucksack, nach hause kommen, so machte sie den Herd für einen Gamsbraten bereit.

Unter den Arbeitern von Ebensee dürfte es viele Wilderer gegeben haben. Sie waren geradezu berühmt dafür. Es existiert ein Bild von einem Faschingsumszug in Ebensee. Bei diesem sieht man eine Schar von jungen feschen Burschen, die ein Schild stolz vor sich her tragen, auf dem das Wort „Wildschützen“ prangt.

Die Wildschützen waren also wichtig in den Zeiten der Not im Gebirge. Ich sprach auch mit einem Wildschützen aus der Gegend um Trieben, er war ein einfacher Arbeiter. Viktor hieß er. Er erzählte mir, er habe in den Jagdgebieten des Stiftes Admont gewildert und sei damals sehr beliebt bei den Sennerinnen gewesen, da er sie alle mit gutem Wildfleisch, vor allem von der Gams, versorgt hat. Man nannte ihn daher „Ernährungsminister“. An das Heiraten dachte er nie, da er als Wildschütz sehr umschwärmt war von den Damen.

Wie wichtig seine Tätigkeit für die Gesundheit einzelner Menschen war, zeigte sich unter anderem darin, dass seine Schwester, die eifrig das gewilderte Fleisch ihres Bruders aß, wie „Milch und Blut“ ausgesehen habe. Dies sei sogar einem Gendarmen aufgefallen, denn die anderen Kinder im Dorf machten einen eher mageren Eindruck. Der Gendarm verdächtigte Viktor deswegen des Wilderns, aber er konnte ihm nichts nachweisen. Wildschützen gehörten also in Zeiten der Not zur Kultur der Armut im Gebirge.

Die Anziehungskraft der Gams auf den jungen Mann des Gebirgsdorfes war traditionell groß und sie ist es mitunter auch heute noch. Der Gamswilderer hatte den Ruf des verwegenen Burschen, der mit einigem Stolz sich über die Verbote des Jagdherrn hinwegsetzt. Die erwähnte Feststellung Schlossars, daß der Wildschütz es als eine „Verhöhnung der ihm von Gott gegebenen Rechte“ ansah, keine „Gamserl“ schießen zu dürfen, zeigt deutlich an, dass der Gamswilderer ein unangenehmer Konkurrent für den noblen Jagdherrn war und vielleicht auch noch ist.

Allerdings hat der noble Jäger bei seiner Gamsjagd, der für ihn edelsten Form der Jagd, nicht jene Mühen auf sich zu nehmen, die auf den Wilderer warteten. In welch’ feudaler Weise noch vor dem letzten Krieg im Toten Gebirge die Gamsjagd durch einen adeligen Jagdherrn gelebt wurde, erzählte mir ein alter, aus einer Wildererfamilie stammender Bergführer. Er führte aus, daß die als Treiber engagierten Dorfburschen auch selbstverständlich Wilderer waren, denen es offensichtlich Spaß machte, dem hohen Jagdherrn einige erlegte Gamsen zu stehlen, durchaus im Sinne der klassischen Wildschützen:

> „Der Graf Larisch hat in Spital am Pyhrn die Jagd gehabt. Mehrere Jäger waren bei ihm angestellt. Der Neubauer Hans war sein Obertreiber. Die Treiber mussten das Gamswild vom Pyhrn über das Sandkar am Bosruck in Richtung Katzenlucke treiben. Zu dieser Katzenlucke hat sich der Graf Larisch einen eigenen Steig anlegen lassen. Dieser Steig verlief vom Pflegerteich hinauf in die Felsen, wo Holzleitern angebracht waren. In die Katzenlucke hat sich der Graf hinauftragen lassen.
>
> Nur bei den Leitern ist er ein Stück gegangen, dann hat man ihn wieder getragen. Der Sitz, auf dem er getragen wurde, war fast 70 Kilogramm schwer. Es war ein Spezialsitz. Damals arbeitete beim Gasthof Grundner ein Fleischhacker, ein Riesenmann, er war ein großer Raufer. Seine Kraft war unheimlich. Dieser Bursche trug mit zwei anderen den Sitz, auf dem der Graf saß. Er trug den Sitz hinten ganz alleine, vorne waren es zwei, die trugen. In Katzenlucke wartete dann der Graf auf das Gamswild, das man ihm zutrieb. Dort konnte er es bequem schießen. Einmal schoß der Graf bei einer solchen Treibjagd 30 Gamsen. Die Gamsen sind bei ihm vorbei getrieben worden. Wollten sie aus dem Kar hinaus, so haben die Jäger über die Köpfe der Gamsen in die Felsen hinein geschossen. Darauf sind die Gamsen wieder zurück. Und nun konnte der Graf schön auf sie schießen. So eine Treibjagd ist ein grausames Spiel. Beim Abtransport der erlegten Gamsen fehlten immer ein paar Stck. Der Graf konnte sich das nicht erklären. Diese Gamsen hatte sich der Neubauer Hans heimlich zur Seite geräumt und versteckt. Am nächsten Tag hat er sie sich mit Freunden geholt.“

In dieser Geschichte zeigt sich beste aristokratische Jagdtradition, für die es typisch war, in kurzer Zeit viel Wild zu erlegen. Das Wild wurde auf diese Weise zu bloßen Schießbudenfiguren.

Der Überheblichkeit des Jagdherrn steht in dieser Schilderung die Gewitzheit des Wilderers gegenüber. Der Wilderer, der im Unterschied zum Jagdherrn einiges wagen musste, genoss den Respekt der bergbäuerlichen Bevölkerung. Er wurde als wagemutig und fuchsschlau gepriesen. Im Gegensatz dazu genoss der Wilderer im Flachland nicht unbedingt die Achtung, mit der sein Kollege im Hochgebirge rechnen durfte.

Als Wilderer auf Hasen und Rehwild benötigte er nicht die Fähigkeiten, die den Gamswilderer auszeichneten. Peter Rosegger beschreibt daher in seiner Erzählung „Der Wildschütz" den Gamswilderer als jemanden, der zur Kultur der Bergbauern gehört und eine Art „Kommunist" ist:

> „Die Wilderer kannten nur einen Herrn: die mit ihren Gewalten und Schrecknissen sie zähmende Natur; sie kannten nur einen Freund: ihren Kugelstutzen; kannten nur einen Feind: den Jäger" (zitiert nach Girtler 1988, 29).

Hier klingt an, dass der Wilderer jemand ist, der Wagemut und wahre Männlichkeit zeigt und somit der wahre „Held der kleinen Leute" gegenüber dem vom noblen Jagdherrn angestellten Jäger ist.

In den von mir geführten Interviews mit alten Wilderern betonten diese wiederholt, dass es „Not" und die Freude am kräftigen Fleisch gewesen seien, die sie zum Wildern anregten. Für den fleischarmen Speisezettel des armen Bergbauern und auch Arbeiters im Gebirge bedeutete das Wild eine willkommene Bereicherung. Aber vor allem auch „Leidenschaft", nämlich die Lust an der verbotenen Pirsch, war dem Wilderer wichtig. Dieser Hinweis auf die Leidenschaft bezieht sich auf das intensive Erlebnis der Jagd, vorrangig der Gamsjagd, aber auch auf die Anerkennung, die der Wildschütz am Wirtshaustisch fand.

6 Das Mädchen und die Gams

Durch das Ritual der Jagd wird der junge Bursche ein anderer, er verliert seine Kinderrolle und er erhält den Status des jungen Mannes. Kulturhistorisch sind häufig mit der Jagd derartige Rituale verknüpft, denn Jagd hat etwas mit Mannbarkeit zu tun.

Genau dies wird auch beim klassischen Wilderer deutlich, der sich nicht nur rebellenhaft dem aristokratischen Jagdherrn gleichstellte, sondern auch das „Recht“ hatte, stolz sich dem Fenster eines Mädchens nähern zu dürfen. Darauf verweist farbig ein Spruch aus dem Salzkammergut: „Ein Bua, der nicht gewildert hat, darf auch nicht fensterln gehen.“

In folgendem, auszugsweise wiedergegebenem Lied wird die Gamsjagd mit einem Ritual verbunden und die Attraktivität des Gamswilderers für die Sennerin deutlich gemacht. Das Trinken des Blutes der Gams durch den Wilderer ist offensichtlich als Zeremonie zu sehen, welche Mut und Stärke verschafft. Es unterstreicht drastisch die Überlegung vom Wildern als Initiationsritual und erinnert an alte magische Praktiken.

Das Lied, es stammt wahrscheinlich aus dem Salzkammergut, ist mit „Im Gamsgebirg“ übertitelt:

„Z’haus weid i’s Gamserl aus	(Zuhause weide ich die Gams aus)
I trinks Bluat mit Freud	(Ich trinke das Blut mit Freude)
Aft kriag i mehra Schneid	(Dann bekomme ich mehr Mut)
Bind’ i z’samm die Läuferln schnell	(Binde ich schnell die Läufe zusammen)
S’wird Nacht werden auf der Stell’	(Es wird Nacht werden auf der Stelle)
I trag’s der Hütt’n zua	(Ich trag’s der Hütten zu)
Und geh’ zur Ruah	(Und geh zur Ruh)
A schöne Senn’rin liab’n	(Eine schöne Sennerin lieben)
Statt oana Wirtshausdirn	(Statt einer Gasthausmagd)
Hat da Pfarra g’sagt	(Hat der Pfarrer gesagt)
Des derf ma toan	(Das darf man tun)
Und kloani Kugerl giaß’n	(Und kleine Kugeln gießen)
Kloani Gamserl schiaß’n	(Kleine Gamserl schießen)
Schene Dirndl liab’n	(Schöne Mädchen lieben)
Ma muaß All’s probier’n	(Man muss alles probieren)
Derweil ma jung no san	(Solange wir noch jung sind)
Schaun wir uns um an Schatz	(Schaun wir uns um einen Schatz)
Und mach’n späta aft	(Und machen dann später)
Für Jüngri Platz“	(Für Jüngere Platz)

Der junge, mannbar gewordene Bursche erfreut sich an der Gams und dem Mädchen. Ist er älter geworden und verheiratet, so fällt er aus der Gemeinschaft der jungen Männer im Gebirgsdorf heraus. Das Wildern und die Suche nach Liebschaften hat damit auch ihr Ende gefunden.

Die jungen Burschen sind es, die ihresgleichen dazu bewegen, beim Wildern mitzutun. Darüber erzählte mir ein alter Wilderer:

> „Wenn die Burschen 17, 18 Jahre geworden sind, hat man ihnen schön getan, man hat ihnen gesagt: Du musst mit zum Wildern, das ist interessant. Das Wildern hat früher zum Jungsein gehört. Es war ein gutes Gefühl, dem reichen Jagdherrn etwas wegzuschießen."

Ein anderer früherer Wilderer ergänzte:

> „Während man ledig war, ist das Wildern eine Gaudi gewesen. Unter den jungen Burschen galt der Wildschütz etwas. Durch das Wildern hat man eine Freizeitbeschäftigung gehabt."

Da Wildern also etwas mit Mannbarkeit zu tun hat und die jungen Wilderer oft nicht alleine, sondern in einer Bande wilderten, steht der Wilderer in der Tradition alten sozialen Rebellentums, welches, wie die Geschichte von Robin Hood zeigt, mit der Bildung von Banden einhergeht.

7 Die Symbole des kühnen Wilderers: Gamsbart und Lederhose

Durch das Wildern vermochte also der junge Mann im Gebirge ein Ansehen zu erlangen, welches ihn aus der Dorfgemeinschaft heraushob und bei den Mädchen beliebt machte. Ein wichtiges Symbol war dem Wilderer dabei der Gamsbart, nämlich der aus den Rückenhaaren der Gams hergestellte Hutschmuck, welcher auf eine erfolgreiche Gamsjagd hinweisen sollte. So erzählte mir meine Mutter, eine Landärztin im Gebirge, zu ihr in die Ordination sei einmal ein junger Mann mit einem prachtvollen Gamsbart am Hut gekommen. Als ihn meine Mutter nach der Herkunft dieses schönen Stückes fragte, schilderte er, er hätte sich den Gamsbart selbst „gepflückt". Damit deutete er kühn an, als Wilderer unterwegs gewesen zu sein.

Der Gamsbart und auch die Lederhose von der gewilderten Gams wiesen somit den Burschen symbolisch als verwegenen Wildschützen aus. Auf diese Weise stellte sich der Wilderer dem Jäger und Jagdherrn gleich. Ein früherer Wilderer erzählte mir dazu:

> „So ein Gamsbart war der Stolz des Burschen. Mein Gamsbart ist heute schon über 10.000 Schilling wert. Auch mein Vater, ein alter Wildschütz, hatte einen wunderbaren Gamsbart. Leider hat er ihn verkauft, weil es ihm schlecht gegangen ist und er Geld gebraucht hat. Wenn ich heute mit meinem Gamsbart daher komme, meinen die Leute, ich sei der Forstmeister."

Mein Interviewpartner zeigte mir auch ein Bild, auf welchem sein Vater als junger Wilderer zu sehen ist, allerdings nicht in der üblichen Verkleidung mit Maske und zerlegbarem Stutzen. Sondern mit Gamsbart am Hut, langer Lederhose, stolz präsentiertem Gewehr und Hund gibt er kund, dass er dem noblen Jagdherrn in nichts nachsteht und ebenso das Recht zur Jagd besitzt.

Mit Gamsbart und Lederhose ist nicht nur eine charakteristische Symbolik der Jagd verknüpft, sondern sie verweisen auch auf die Mannbarkeit des jungen Wilderers, wie sie bereits oben angesprochen wurde. Darauf bezieht sich ein im Salzkammergut beheimatetes Lied, in dem der Gamsbart und die verwegene, verbotene Jagd auf die Gams wichtig für den mannbar gewordenen jungen Burschen wird. Der Gamsbart als wichtiges Symbol macht ihn für die Mädchen interessant, auf deren Liebe er hofft. Unter dem Titel „Der Gamsbart" heißt es unter anderem:

„A Bua mit an Gamsbart	(Ein Bub mit einem Gamsbart)
Schön dunkel und voll	(Schön dunkel und voll)
Mit an Reim wia da Schnee	(Mit Haarspitzen wie der Schnee)
Macht d' Dirndln fei toll!	(Macht die Mädchen ganz toll!)
An Bartgams wegschiaßn	(Einen Bartgams wegschießen)
Dös is schon a Freud	(Das ist schon eine Freude)
Da wern gschwind d' Haar	(Da werden schnell die Haare)
Zsammengsuacht	(Zusammengesucht)
Und aufghobn a Zeit	(Und aufgehoben eine Zeit)
Denn soll da Bart wern	(Denn soll der Bart etwas werden)
Dauert's a paar Jahr	(Dauert es ein paar Jahr)
Bis dass alle banand sind	(Bis dass alle beisammen sind)
D' dunkelsten Haar	(Die dunkelsten Haare)
Warum kralt da Wildschütz	(Warum klettert der Wildschütz)
In d' Wänd wia Fliagn?	(In die Wände wie eine Fliege?)
Er woaß halt a Gamserl	(Er weiß eine Gams)
Wo d' Haar schen fliagn	(Bei der die Haare schön fliegen)
Wieviel junge Buama	(Wieviel junge Buben)
Hat da Gamsbart scho kost'?	(Hat der Gamsbart schon gekostet?)
Probierns allmal wieda	(Probieren es immer wieder)
Weil d' Liab halt nit rost'!	(Weil die Liebe nicht rostet!)
An Ausseeahuatl	(Ein Ausseerhut)
An Gamsbart dazua	(Ein Gamsbart dazu)
Aft is a erst ferti	(Dann ist er erst fertig)
Der sakrische Bua!"	(Der verwegene Bursche!)

8 Abschließende Gedanken

Ich habe versucht zu zeigen, dass sowohl bei Jägern als auch bei Wilderern vor allem im Hochgebirge Rituale oder ritualisierte Handlungen eingesetzt wurden, um von den Mädchen begehrt zu werden und in der Dorfgemeinschaft Ansehen zu erringen. Der Mut, in die Felsen zu gehen und Abenteuer zu bestehen, half dem jungen Burschen Selbstbewusstsein zu erwerben und von Gleichaltrigen akzeptiert zu werden. Spannende Rituale und Symbole beziehen sich auf die Verwegenheit der Jagd. Ein besonderer Mut ist für Jäger und Wilderer notwendig, um sich geradezu rituell der Gams zu nähern. Symbolisch drückt sich dieser Mut schließlich im Gamsbart, der auf dem Hut getragen wird, aus. Der wahre Gamswilderer musste also, wie das letzte Lied andeutet, ein guter Kletterer sein. Die Jagd auf die Gams wird so zum Spiel mit dem Tod. Das gibt dem Ganzen einen besonderen Reiz und erhöht das Ansehen des kühnen jungen Mannes, der auch stolz darauf verweist, dem noblen Jagdherrn die Gams „weggeschossen“ zu haben. Einem solchen Burschen ist beziehungsweise war das Mädchen gerne bereit, das Fenster zu öffnen und ihn in die Kammer einzulassen.

9 Verwendete Literatur

9.1 Zitierte Literatur

Aberle, A. (Hg.) 1981: Aberle's Wilderer Album. Rosenheimer Verlag. Rosenheim.

Fuchs, L. 1936: Die Bekämpfung der Wilddiebe. Selbstverlag. Gmunden.

Girtler, R. 1988: Wilderer. Soziale Rebellen im Konflikt mit den Jagdherren. Landesverlag. Linz.

Hobsbawm, E. J. 1962: Sozialrebellen. Archaische Sozialbewegungen im 19. und 20. Jahrhundert. Übertragen von R. Müller-Isenburg und C. B. Hyams. (= Soziologische Texte 14). Luchterhand. Neuwied u. a.

Lehr, R., Lintner, R. 1985: Ein vorletztes Paradies. Zwischen Pyhrn und Krems, Alm und Enns. Landesverlag. Linz.

Schlossar, A. 1879: Österreichische Cultur- und Literaturbilder mit besonderer Berücksichtigung der Steiermark. Braumüller. Wien.

Schultes, J. A. ^{1}1802 [^{2}1807]: Ausflüge nach dem Schneeberg in Unterösterreich. Der Vormärz im Viertel unterm Wienerwald. Eine sozial- und gesellschaftspolitische Illustration. Degen. Wien. – Zitiert nach dem Neudruck der Erstauflage: Rotary-Club. Wiener Neustadt 1982.

van Gennep, A. 1909: Les rites de passage. Etude systématique des rites de la porte et du seuil, de l'hospitalité, de l'adoption, de la grossesse et de l'accouchement, de la naissance, de l'enfance, de la puberté, de l'initiation, de l'ordination, du couronnement, des fiançailles et du mariage, des funérailles, des saisons, etc. Nourry. Paris.

9.2 Weiterführende Literatur

Achleitner, A. 1896: Jagdbrevier. Lustige Weidwerksgeschichten aus dem Hochgebirge. Schumann. Leipzig.

Girtler, R. 1990: Die feinen Leute. Von der vornehmen Art, durchs Leben zu gehen. Veritas. Linz; Campus. Frankfurt a. M. u. a.

Hobsbawm, E. J. 1972: Die Banditen. Aus dem Englischen von R. Weys. Suhrkamp. Frankfurt a. M.

Linde, W. W. 1986: Die Walder Saga. Der Tod von Pius Walder. Gesellschaft für Information und Medienvielfalt. Innsbruck.

Walleitner, J. 1965: Wildern im ehemaligen Erzstift Salzburg. Volkskundliche Studie. Salzburger Druckerei und Verlag. Salzburg.

Dagmar Schmauks

Tiere im Krieg zwischen Kamerad und Symbol – Ein kulturethologischer Rückblick auf Texte des Ersten Weltkrieges

Zusammenfassung

Dieser Beitrag untersucht, wie repräsentative Texte zum Ersten Weltkrieg die ebenfalls vom Krieg betroffenen Tiere und deren zahlreiche Funktionen darstellen. Als Kameraden des Menschen sind Tiere denselben Gefahren ausgesetzt und oft ein „humanisierender Lichtblick" im Kriegsgeschehen. Andererseits werden Tiere oft als Werkzeuge benutzt, die ausschließlich menschlichen Zwecken dienen. Hierbei kommen neben Militärpferden, Sanitätshunden und Brieftauben auch weniger bekannte Arten zum Einsatz wie etwa Bienen als „Biowaffen". Neben diesen praktischen Nutzungen stehen ebenso widersprüchliche symbolische. Heraldische Zeichen stilisieren wehrhafte Tiere wie Löwe und Adler positiv, und manche Waffen tragen die Namen von Raubtieren wie „Leopard" oder „Shark". Karl Kraus hingegen vergleicht in seinem „Lied der Raben" menschliche Kriegsgewinner mit tierischen Aasfressern. Weitere Aspekte ergeben sich bei der abschließenden Untersuchung des bekannten Liedes „Wildgänse rauschen durch die Nacht".

1 Einleitung

Dieser Beitrag versucht an repräsentativen Beispielen zu erhellen, wie Texte zum Ersten Weltkrieg die vielfältigen Rollen von Tierarten oder einzelnen Tieren darstellten, die ebenfalls vom Krieg betroffen waren.

Die Darstellung ist interdisziplinär angelegt, da es Aspekte unterschiedlicher Disziplinen von der Biologie bis zur Literaturwissenschaft zu beachten gilt. Als Brückenwissenschaft bietet sich die Kulturethologie an, welche die biologischen Grundlagen kultureller Entwicklungen aufzudecken beabsichtigt. Im Hinblick auf die Rolle von Tieren im Krieg sind dabei deren vielfältige Funktionen im Blick zu behalten. Ganz unmittelbar werden außer Menschen immer auch viele Tiere zu Opfern des Kriegsgeschehens, wohingegen Tiere im Unterschied zu Menschen niemals Täter in einem moralischen Sinn sein können. Ferner wurden Tiere seit Beginn der Geschichte auch als Kriegswerkzeuge eingesetzt, wobei dieselben Verlaufsformen nachzuzeichnen sind wie bei allen Werkzeugen. Am Anfang steht immer die bloße Nutzung vorhandener Objekte, etwa wenn man mit abgerissenen Ästen zuschlägt oder hinter großen Tieren Deckung sucht. Später hat man alle Werkzeuge gezielt gestaltet und ständig verbessert, man denke an die Entwicklung von Fernwaffen vom Speer über die Armbrust bis zu modernen Raketen. Diese durchdachte „Gestaltung“ betraf ebenso kriegswichtige Tiere. Ein bekanntes Zuchtziel waren möglichst große Schlachtrösser, die gepanzerte Ritter tragen konnten und trotzdem wendig genug blieben. Neben diesen praktischen Nutzungen stehen die symbolischen, die mit der Vorstellung hilfreicher Totemtiere beginnen und sich über heraldische Zeichen bis zur Benennung moderner Waffen mit Tiernamen hinziehen wie dem Panzer „Leopard“ und dem Kriegsschiff „Shark“.

Abschnitt 2 stellt einleitend einige Texte vor, in denen Tiere die emotionalen Bedürfnisse von Menschen erfüllen und sich auch mitten im brutalen Kriegsgeschehen als „humanisierender Lichtblick“ erweisen. Abschnitt 3 widmet sich den praktischen Nutzungen von Tieren im Krieg, wobei nach einem Blick auf die erstaunlich vielen eingesetzten Tierarten die besonders wichtigen Militärpferde und -hunde im Zentrum stehen. In Abschnitt 4 geht es um Tiere als Symbole von Kampf und Krieg. Während die Heraldik „heroische“ Tiere positiv stilisiert, stellt Karl Kraus in seinem „Lied der Raben“ menschliche und tierische Aasfresser als Kriegsgewinner dar. Abschließend wird das bekannte Lied „Wildgänse rauschen durch die Nacht“ nach 100 Jahren einmal ethologisch betrachtet.

2 Artübergreifende Freundschaften

Mensch und Tier gehen oft sehr enge Beziehungen ein, die aufgrund ihrer Dauer und emotionalen Bedeutung durchaus die Kriterien einer Freundschaft erfüllen (Schmauks 2013). Besonders häufig sind Freundschaften mit Haustieren wie Hund und Katze sowie mit Reittieren, aber auch andere Arten können unter günstigen Bedingungen liebevolle Freunde sein. Dieser Abschnitt untersucht einen stark autobiographischen Roman über eine Freundschaft zwischen Mensch und Dohle (2.1) sowie einige Texte, welche die humanisierende Rolle von Tieren im Kriegsgeschehen hervorheben (2.2).

2.1 Das letzte Friedensjahr als Idyll

Der Roman „Gute Nacht, Jakob" (Bentz 1954) beschreibt eine innige Freundschaft zwischen Mensch und Tier im letzten Friedensjahr des Deutschen Kaiserreiches. Im Sommer 1913 erwirbt der elfjährige Hans während eines Landaufenthaltes eine junge Dohle, tauft sie „Jakob" und nimmt sie mit nach Berlin. Dort wohnt er mit seiner jungen verwitweten Mutter und deren Eltern in einer Etagenwohnung – gutbürgerlich, aber sehr bescheiden. Der frühere Glanz ersteht nur dann noch einmal neu, wenn bei der jährlichen „Großen Gesellschaft" adlige Verwandte und hochrangige Militärs auftauchen.

Der bisher recht langweilige Alltag von Hans wird zu einer Folge wunderbarer Abenteuer, denn Jakob ist immer zu Streichen aufgelegt und kennt kein Kuschen vor Autoritäten. Er versteckt Gegenstände, klaut Leckerbissen und lernt etliche Schimpfwörter. Nur in einigen Szenen wird die Kraft einer Dohle deutlich übertrieben, etwa wenn Jakob ein Handtuch aus einer Felsspalte zerrt (Bentz 1954, 71) oder mit einem Schnabelhieb Nüsse spaltet (ebd., 151). Sogar der pedantische Großvater wird lockerer und lässt Jakob mit seinen Zinnsoldaten spielen.

> „Auf seltsame Weise war alles anders, irgendwie verschoben, aus dem Gleis gerückt [...], seitdem diese kleine schwarze Federkugel ihren Schabernack um uns herum trieb" (ebd., 234).

Mit liebevollem Interesse lernt Hans seinen gefiederten Freund immer besser kennen. Er studiert jede Einzelheit seines Körpers und beruhigt ihn bei Angstattacken. Jakob wiederum regt den Jungen zum Nachdenken über das Leben an. Er sieht „zum ersten Male die Kehrseite jeder großen Liebe: Angst und Leid" (ebd., 57).

Zur Zeit des herbstlichen Vogelzugs allerdings verfällt Jakob, der beschnittene Flügel hat, in eine trübe Stimmung. Hans hält ihn dann in der Wohnung, damit Jakob nicht „den Himmel sieht, der ihm durch uns Menschen versagt wurde, obwohl er doch seine Heimat war – –" (ebd., 273). Am Tag des Attentates von Sarajewo werden Jakob seine frisch gestutzten Schwingen zum Verhängnis, denn als er Hans wie jeden Tag vom Balkon aus entgegenflattern will, stürzt er sich auf dem Straßenpflaster zu Tode (ebd., 313ff.).

So kommt es zu einem dreifachen Ende: Jakob stirbt, weil „seine“ Menschen seine Flugfähigkeit eingeschränkt haben, und mit dem Ende der Friedenszeit ist auch die Kindheit von Hans schlagartig zu Ende.

2.2 Tiere als „humanisierender Lichtblick“ im Kriegsgeschehen

In den Sammelbänden „Krieg und Tier“ des Österreichischen Lehrervereins würdigen Gedichte (1917a) und Erzählungen (1917b) die emotionale Bedeutung von Tieren im Ersten Weltkrieg. Zum Kreis der besprochenen Tierarten zählen neben zahlreichen Militärpferden und Sanitätshunden auch Wildtiere.

In einer Erzählung warnen „Dankbare Enten“ (1917b, 54) vor einem nächtlichen Überfall. Diese Geschichte erinnert an die Gänse des Kapitols, deren Geschnatter die Römer bei einem gallischen Angriff rechtzeitig weckte, aber auch an die vielen Märchen, in denen Tiere sich bei freundlichen Menschen durch Hilfeleistungen bedanken. „Der kleine gelbe Freund“ (ebd., 55) ist ein Kanarienvogel, der die Soldaten in Gefechtspausen durch seine Lieder erfreut und an ihren Alltag in Friedenszeiten erinnert. Schwalben, die trotz ständigem Geschützdonner und zahlreichen Einschlägen tapfer ihre Jungen füttern, werden zu einem Zeichen für die Macht des Lebens (ebd., 55f.). Im Feld empfindet ein Soldat inmitten des Schlachtenlärms das Aufsteigen einer Lerche als „unsäglich liebliches Wunder“ und ihr Lied als eine Lobpreisung Gottes (1917a, 15f.).

Als Kehrseite des gemeinsamen Schicksals werden natürlich auch viele Tiere zufällige Opfer des Kriegsgeschehens. Vögel finden in einem zerschossenen Wald ihre Nester nicht mehr (ebd., 16), und in den Wäldern der Karpaten müssen die Soldaten sogar einem angeschossenen Bären den Gnadenschuss geben (1917b, 53f.).

3 Praktische Nutzungen von Tieren im Krieg

Verblüffend viele Tierarten haben dem Menschen schon in seinen zahllosen Kriegen gedient, weil sie nützliche Eigenschaften wie Kraft, Schnelligkeit, Orientierungssinn oder einen überlegenen Geruchssinn besitzen (Pöppinghege 2014, 7ff.). So sieht man leicht ein, wie wichtig Lasttiere und Spürhunde auch in modernen Kriegen noch sind. Vielleicht weiß man sogar noch aus seinem Geschichtsunterricht, dass zu Hannibals Heer auch Kriegselefanten zählten, als er im Zweiten Punischen Krieg die Alpen überschritt. Hingegen ist nicht allgemein bekannt, dass keineswegs nur Säugetiere oder nur domestizierte beziehungsweise dressierbare Tiere eingesetzt wurden. Abschnitt 3.1 skizziert den Umfang der Tierarten, bevor sich die anschließenden Abschnitte auf Militärpferde (3.2) und Hunde (3.3) konzentrieren.

3.1 Die Bandbreite kriegswichtiger Tiere

In traditionellen Kriegen waren vor allem schnelle wendige Reittiere sowie starke genügsame Lasttiere unverzichtbar. Für beide Aufgaben eignen sich nur solche großen Säugetiere, die grundsätzlich domestizierbar sind. Diamond (1998, 186ff.) listet hierfür einige grundsätzliche Anforderungen auf: Die Tiere sollten leicht zu ernähren sein, schnell wachsen, sich in Gefangenschaft vermehren und dürfen keine Anlagen zu Aggressivität oder panischer Flucht besitzen. Vor allem aber müssen sie einer sozialen Art angehören, damit sie auch einen Menschen als Alpha- oder Elterntier anerkennen. Die klimatischen Rahmenbedingungen legen die Auswahl der Tierarten fest, so dass man in Steppen eher Pferde und in wüstenhaften Gebieten eher Kamele domestizierte.

Entscheidend für Kriegserfolge ist ferner die schnelle und sichere Übermittlung von Nachrichten. Da technische Mittel wie Telegraph und Telefon grundsätzlich abhörbar sind, wurden noch im Ersten Weltkrieg kriegswichtige Nachrichten von rund 100.000 Brieftauben befördert, deren Heimfindevermögen auch bei mobilen Taubenschlägen zufriedenstellend funktioniert. Meldetauben legten bis zu 700 Kilometer am Tag zurück, ließen sich sogar auf Nachtflüge trainieren und lieferten durch winzige umgeschnallte Kameras die ersten Luftaufnahmen vom Frontverlauf (Pöppinghege 2014, 67ff. und 89ff.). Berühmt wurde etwa Cher Ami, der eine bei Verdun eingeschlossene US-amerikanische Division rettete und dafür das *Croix de Guerre* erhielt (ebd., 125). Kleiner Nachtrag: Die deutsche Heeresleitung hatte aus den Erfolgen der Taubenpost gelernt und setzte darum im Zweiten Weltkrieg dressierte Greifvögel erfolgreich gegen „feindliche“ Brieftauben ein.

Weil Kanarienvögel besonders empfindlich auf Kohlenmonoxid, andere giftige Gase und Sauerstoffmangel reagieren, nahmen Bergleute sie schon im 19. Jahrhundert in die Stollen mit. Fiel der Vogel bewusstlos von der Stange, so verließ man zügig die Grube. Aufgrund dieser Erfahrungen lag es nahe, sie auch im Gaskrieg der Westfront als „Frühwarnsystem“ einzusetzen.

Wehrhafte Tiere wie etwa Honigbienen lassen sich als „biologische Waffen“ verwenden. In der Antike schloss man ganze Bienenvölker in Tongefäße ein und schleuderte sie von Festungswällen oder mit Katapulten in die Reihen der Feinde, während man im Ersten Weltkrieg das Zerbrechen der Behälter durch Stolperdrähte auslöste (Troy 2009, 138f.). Und schließlich wurden sogar Glühwürmchen kriegswichtig, denn man sperrte sie in Gläser, die bei Verdunkelung als Notbeleuchtung dienten – was natürlich nur während der Paarungszeit funktioniert.

Ein verwandter Ansatz setzt die Erreger von Menschen- oder Tierkrankheiten als Kampfmittel ein. Schon in der Antike verseuchte man die Brunnen oder Siedlungen des Feindes durch (vorzugsweise infizierte) Leichen von Menschen oder Tieren. Ein deutsches Projekt des Ersten Weltkriegs wollte gegnerische Militärpferde und Viehbestände gezielt durch Erreger der Rotzkrankheit vernichten; es kam jedoch nur zu vereinzelten Anschlägen (Pöppinghege 2014, 60ff.).

Seither sind viele neue Kriege geführt und viele weitere Tierarten als Helfer „rekrutiert“ worden. Viele Tiere mit feinem Geruchssinn lassen sich auf den Geruch von Sprengstoff konditionieren. So setzen die USA Delphine und Seelöwen ein, um Seeminen aufzuspüren, und trainieren Bienen darauf, schnell und preiswert Landminen zu lokalisieren. Über das Projekt „Apopo“ kann man eine Hamsterratte „adoptieren“, die bei der Minenräumung in Afrika oder Asien hilft und selbst zu leicht ist, um eine Explosion auszulösen (Apopo Foundation).

Manche Tiere hingegen erwiesen sich als nicht „kriegstauglich“, etwa die aggressiven Zebras (Pöppinghege 2014, 81). Auch die geplanten „Fledermausbomben“ waren nicht erfolgreich. Im Zweiten Weltkrieg wollten die USA Fledermäuse einsetzen, um Brandbomben mit Zeitzündern zu verbreiten. Die Tiere sollten über Japan abgeworfen werden, sich in Häusern verkriechen und so deren Zerstörung sicherstellen. Nach einem misslungenen Test, bei dem ein amerikanischer Hangar in Flammen aufging, wurde das Projekt nicht weiter verfolgt.

Die Leistungen dieser Millionen Tiere wurden durch Jahrtausende kaum gewürdigt. Erst 2004 wurde in London das Denkmal „Animals in War“ des englischen Bildhauers David Backhouse enthüllt. Es zeigt teils als

Bronzestatuen, teils in Flachrelief an einer Wand die wichtigsten Tierarten, die im Krieg eingesetzt wurden. Die offizielle Website des Denkmals teilt mit:

> "Elephants, camels, oxen, bullocks, cats, canaries, even glow worms – all these creatures, great and small, contributed their strength, their energy and their lives in times of war and conflict to the British, Commonwealth and Allied forces during the 20th century" (Animals in War Memorial Fund).

3.2 Militärpferde als Kriegskameraden

> „Wir werden uns wehren
> bis zum letzten Hauch
> von Mann und Roß"
> (Kaiser Wilhelm II., An das deutsche Volk!, 6.8.1914).

Bis ins 19. Jahrhundert war die schnelle und wendige Kavallerie eine wichtige militärische Einheit. Das Pferd, eigentlich ein Fluchttier, gewöhnt sich erstaunlich schnell an Schlachtenlärm und Militärmusik (in der Diskussion ergänzte Eibl-Eibesfeldt, dass in traditionellen Kämpfen „Mann gegen Mann" das sich aufbäumende Pferd seinen Reiter auch immer mit seinem Körper schützte). Der Erste Weltkrieg bedeutete eine Wende, denn nun führten berittene Attacken gegen die hoch technisierte Infanterie mit ihren Panzern und Maschinengewehren vor allem an der Westfront zu dramatischen Verlusten. Von den 16 Millionen Pferden der Alliierten starb rund die Hälfte (Tempest 2009, 218f.); Pferde blieben jedoch weiterhin wichtig als Zugtiere, für die Aufklärung in schwierigem Gelände und den Transport der Verwundeten (Pöppinghege 2014, 71ff.).

Viel enger als bei „zivilen" Arbeitstieren ist das Leben der Militärpferde verwoben mit dem ihrer jeweiligen Besitzer. Nahrungsmangel und strenge Winter kaum geschützt im Schlamm führen bei beiden gleichermaßen zu Krankheiten und Todesfällen. Oft geraten Mensch und Pferd zusammen in Gefangenschaft oder sterben gemeinsam – ihre Schreie und ihr Blut vermischen sich.

Während die Heeresleitung ihre Pferde rein ökonomisch betrachtete, waren sie im Feld ein „humanisierender Lichtblick inmitten allgemeiner Verrohung" (Tempest 2009, 219). Wer Pferde gut behandelte, galt selbst dann als guter Mensch, wenn er zu den Feinden gehörte (ebd., 231). Und schließlich sind Pferde nüchtern betrachtet eigentlich viel bessere Soldaten, denn sie sind „stumm, klaglos und treu“ (Pöppinghege 2009, 238). Viele sehr unterschiedliche Texte spiegeln diese gegensätzlichen Rollen der Militärpferde. In den Sammelbänden „Krieg und Tier“ (Österreichischer Lehrerverein 1917a und 1917b) tauchen einige Motive immer wieder auf und werden in Text und Bild oft sehr sentimental beschrieben. Das treue Ross bleibt bei seinem verletzten Reiter oder holt Hilfe, und es findet auch in unbekanntem Gelände zu seiner Einheit zurück. Sogar reiterlose Pferde folgen noch dem Hornsignal zum Appell; umgekehrt muss der Reiter oft seinem verletzten Pferd den Gnadenschuss geben.

Remarques Buch „Im Westen nichts Neues“ ist eine der bekanntesten Darstellungen von Kriegserlebnissen aus dem Ersten Weltkrieg. In einer sehr eindringlichen Szene erleben die jungen Rekruten zum ersten Mal das Schreien und den langen Todeskampf verwundeter Pferde. Nachdem alle Tiere entweder erschossen wurden oder ihren Verletzungen erlegen sind, stellt der Landwirt Detering fluchend fest (Remarque 2013, 70):

> „Möchte wissen, was die für Schuld haben. [...] Das sage ich Euch, es ist die allergrößte Gemeinheit, daß Tiere im Krieg sind“.

Der englische General Seely schrieb lange nach dem Krieg die Biographie seines Pferdes Warrior. Der Wallach ist zu Kriegsbeginn vier Jahre alt und lernt schnell, als Kavalleriepferd den Geschützdonner und ungewohnte Anblicke zu ertragen. Anfang 1915 wird Seely Leiter der kanadischen Kavallerie. Warrior entgeht oft nur knapp dem Tod und erweist sich als besonders unerschrocken und gehorsam. Seine große Stunde kommt am 30. März 1918, als Seelys Brigade in einer unerwarteten Attacke die strategisch wichtigen Höhen von Moreuil (Département Somme) von den Deutschen zurückerobert (Seely 1935, 105):

> „[...] Warrior war der Held des Tages. Er war es, der weder stutzte noch zitterte, trotzdem er das Pfeifen der Gewehrkugeln haßte und im Verlauf des Krieges so manchen Mann und so manches Pferd hatte fallen sehen“.

Warrior überlebte den Krieg, gewann 1922 das Rennen der Isle of Wight und lebte noch, als Seely 1935 sein Buch schrieb.

Sehr ausführlich und deutlich emotionaler berichtet das Jugendbuch „War Horse“ (Morpurgo 1982) von den Schlachten des Ersten Weltkrieges aus dem Blickwinkel eines Pferdes. Eher aus Geltungsbedürfnis ersteigert der britische Farmer Ted Narracot das Halbblutfohlen Joey. Obwohl Joey für Feldarbeiten wenig geeignet ist, richtet Narracots 13jähriger Sohn Albert ihn geduldig zum Pflügen ab. Mit Kriegsbeginn wird Joey ans Militär verkauft und nach einem Angriff von deutschen Soldaten eingefangen. Nur weil er das Anlegen eines Geschirrs duldet, wird er nicht geschlachtet und zieht nun Krankentransporte und später Geschütze. Als Joey bei einem Panzerangriff in Panik flieht, verletzt er sich im Stacheldraht der Barrikaden und gerät ins Niemandsland. Ein britischer und ein deutscher Soldat dringen zu Joey vor und losen um ihn. Der Brite gewinnt, aber der schwer verletzte Joey soll erschossen werden. Albert hat inzwischen das Mindestalter für Soldaten erreicht und ist in den Krieg gezogen, um Joey zu suchen. Im Lager erkennen die beiden einander. Albert darf sein Pferd gesund pflegen und nach etlichen weiteren Wirren auch behalten. Nach Kriegsende kehren beide auf ihre Farm zurück.

Ein durchgehendes Thema des Buches sind Freundschaften sowohl zwischen den Pferden untereinander als auch zwischen Tieren und Menschen. Joey freundet sich vor allem mit dem Rappen Topthorn an, und überall begegnen die Pferde auch freundlichen Menschen. Die deutschen Soldaten betrachten die erbeuteten Pferde als Helden und pflegen sie gesund (Morpurgo 1982, 73ff.). Ein Verwundeter, der von den Sanitätern gerettet wurde, hängt Joey sogar ein Eisernes Kreuz um, das er gefunden hat. Als die Soldaten Joey und Topthorn beim Vormarsch auf einem französischen Bauernhof zurücklassen, setzt der Bauer sie zu Feldarbeiten ein und seine Enkelin Emilie freundet sich mit ihnen an. Joeys Pferdewelt ist wieder in Ordnung: „Ich arbeitete wieder mit glücklichen, lachenden Menschen zusammen, die für mich sorgten“ (ebd., 91).

Bemerkenswert sind die vielen kriegskritischen Äußerungen von Menschen auf beiden Seiten der Front. Die anfängliche Begeisterung der britischen Soldaten erlischt schnell, als sie auf dem Festland den „endlosen Reihen von Verwundeten“ begegnen, die auf ihre Rückkehr nach England warten. Bereits kurz nach Kriegsbeginn stellt Captain Nicholls resigniert fest, wie hoffnungslos unterlegen die traditionelle Kavallerie mit gezückten Säbeln gegenüber der modernen Artillerie mit Maschinengewehren und Granaten ist (ebd., 41ff. und 69ff.). Später klagt ein deutscher Offizier: „Wenn man so feine Geschöpfe zu Lasttieren macht, dann ist die Welt verrückt geworden“ (ebd., 75).

Die mit Abstand symbolträchtigste Szene ist die Befreiung Joeys durch einen britischen und einen deutschen Soldaten. Jenseits aller Gefahren und Nationalgefühle sind die beiden entschlossen, das Pferd zu retten. Sie radebrechen ein bisschen, losen um Joey und der Deutsche akzeptiert, dass der Brite gewonnen hat. Diese kleine menschliche Szene steht in so scharfem Kontrast zum Grauen des Krieges, dass der Deutsche beim Abschied wehmütig feststellt (ebd., 129):

> „Alles Gute, Mann aus Wales. Wir haben's ihnen gezeigt, was? Wir haben ihnen gezeigt, dass jedes Problem zwischen den Menschen gelöst werden kann, wenn sie einander nur vertrauen. Mehr braucht man nicht, oder?".

Diese unwahrscheinliche Rettung wird in der Verfilmung „Gefährten" (Spielberg 2011) entsprechend überhöht in Szene gesetzt. Im Film hat Joey sich hoffnungslos im Stacheldrahtverhau verheddert. Da die beiden feindlichen Soldaten nur eine Drahtschere besitzen, rufen sie ihre Kameraden um Hilfe, und sofort sieht man etliche Drahtscheren gleichzeitig auf die Retter zufliegen wie eine Fontäne der Hoffnung mitten im Krieg.

Ein Tier in der Ich-Form erzählen zu lassen, ist allerdings ein zwiespältiges Unterfangen. Insofern der Autor genug ethologisches Wissen besitzt, lässt sich das Erleben des Tieres zwar zumindest in Ansätzen durchaus nachvollziehen. Andererseits suggeriert die Ich-Form ein Verstehen der Ereignisse, das bei Tieren natürlich nicht vorhanden ist. Tiere ziehen im Gegensatz zu Menschen immer unfreiwillig in den Krieg und können Angst und Schmerzen nicht geduldig als „sinnvoll" ertragen, weil sie sich die Vorteile eines Sieges ausmalen. (Ein ähnliches Argument gilt gegenüber Tierversuchen, denn man kann keinem Tier erklären, dass seine gegenwärtigen Schmerzen vielleicht zur Entwicklung eines nützlichen Medikaments beitragen.)

3.3 Hunde als Kriegskameraden

Auch Hunde wurden im Ersten Weltkrieg für viele Zwecke eingesetzt. Als Maskottchen förderten sie das Kameradschaftsgefühl und erinnerten ihre Betreuer an den Alltag im Frieden. Die gemeinsam ertragenen Rahmenbedingungen wie Kälte, Hunger und Schmerzen führten zu einer „kreatürlichen Gemeinschaft" (Pöppinghege 2014, 18f.) jenseits der Artgrenzen.

Weil Hunde kleiner und flinker sind als Menschen, werden sie seltener von Geschossen getroffen. Für den Militäreinsatz besonders geeignet waren mittelgroße, gelehrige und robuste Hunde, die widrige Umstände ertrugen und bei Lärm nicht panisch reagierten (ebd., 47ff.). Meldehunde überbrachten wichtige Botschaften und verlegten in unsicherem Gelände die Drähte für das Feldtelefon. Ebenso wie bei der Jagd war auch an der Front der hervorragende Geruchssinn von Hunden nützlich; sie erschnüffelten Giftgas und Minen und spürten als Sanitätshunde Verletzte und Tote auf.

Emotional aufgeladene Texte und Bilder würdigen vor allem die sprichwörtliche Hundetreue. Sie erzählen von Hunden, die ihren verletzten Herren unter Einsatz ihres eigenen Lebens aus dem Schussbereich zerren, ihn bei Nacht mit ihrem Körper wärmen und durch ausdauerndes Gebell schließlich Hilfe herbeirufen. Hunde wachen auch bei Gefallenen und schützen den Leichnam vor Feinden und Aasfressern, bis die Kameraden ihn finden.

Deutlich brutalere Nutzungen erfand der Mensch später im Zweiten Weltkrieg. Nun dressierte man Hunde auch darauf, als „Selbstmordattentäter" feindliche Panzer zu sprengen oder in den Konzentrationslagern der Nazis auf Befehl die Häftlinge zu zerfleischen.

4 Tiere als Symbole von Kampf und Krieg

In vielen Kulturkreisen und Epochen hatten bestimmte Tiere auch symbolische Funktionen. Nach einem kurzen Blick auf einige Beispiele (4.1) geht es um zwei zeitgenössische Texte des Ersten Weltkriegs, nämlich um Raben als Kriegsgewinner bei Karl Kraus (4.2) sowie um das bekannte Lied „Wildgänse rauschen durch die Nacht" (4.3).

4.1 „Heroische" Tiere in der Heraldik

Unsere Vorfahren haben ständig hautnah erlebt, dass viele Tierarten ihnen hinsichtlich bestimmter Eigenschaften weit überlegen sind. Vor der Erfindung leistungsfähiger Fernwaffen waren die großen Beutegreifer wie Bär und Wolf eine ständige Bedrohung für Menschen und ihr Vieh, was sich in den Grimmschen Märchen ebenso spiegelt wie in archaischen Reaktionen auf die heutige „Rückkehr der Wölfe". Vögel beherrschen eine mühelose Art der Fortbewegung hoch über der Erde, deren Wertschätzung in Ausdrücken wie „beschwingt" und „Geflügelte Worte" lebendig geblieben ist.

Das Wissen um solche Unterschiede hatte mehrere Konsequenzen. Einerseits galt die Jagd auf wehrhafte Tiere und der Zweikampf mit ihnen als besondere Mutprobe und durfte daher in keiner Heldenlegende fehlen. Zu den berühmten „Zwölf Arbeiten" des Herakles zählte etwa die Erlegung des Neméischen Löwen sowie das Einfangen des Erymanthischen Ebers und des Kretischen Stiers. Andererseits kann man sich mit bewunderten oder beneideten Tieren so stark identifizieren, dass die Vorstellung von Totemtieren oder Krafttieren entsteht, die dem Menschen als Schutzgeister zur Seite stehen.

Tiere, die wünschenswerte Eigenschaften verkörpern, wurden später als Symbole für Dominanz, Kampf und Krieg benutzt. Die häufigsten Wappentiere sind darum der majestätische Löwe als „König der Tiere" und der Adler als Herrscher der Lüfte, der sich darüber hinaus beim Aufsteigen der Götterwelt nähert. Hinzu kommen der reißende Wolf, der starke Bär sowie einige wehrhafte Fabeltiere wie Drache oder Greif. Andere Tiere sind zwar keine Fleischfresser, haben aber dennoch „martialische" Eigenschaften, so gilt der Keiler als besonders aggressiv, der Stier als stark und angriffslustig, während das Pferd durch seine Schnelligkeit beeindruckt.

Folgt man einer bestimmten Tierart durch die Epochen, so findet man oft eine Wandlung vom Götterbegleiter zum heraldischen Zeichen. Ein Paradebeispiel ist der Adler, der zunächst Zeus ebenso wie Odin begleitete, später ein Feldzeichen des römischen Heeres war und heute noch als „Bundesadler" existiert.

Aus ähnlichen Motiven erhalten Kriegswerkzeuge die Namen wehrhafter Tiere, man denke an das Kriegsschiff „Shark" (Hai) und den Panzer „Leopard" (Pöppinghege 2014, 21). Umgekehrt bezeichnet man Feinde oder verhasste Minderheiten bevorzugt als „Ungeziefer", das seine Vernichtung verdient hat – was dem Täter das Töten erleichtert und Schuldgefühle zu vermeiden hilft.

4.2 Raben als Kriegsgewinner

Rabenvögel werden sehr widersprüchlich wahrgenommen. Einerseits haben sie sich in vielen Experimenten als kognitiv besonders leistungsfähig erwiesen, denn sie zeigen Ansätze von Werkzeuggebrauch und erkennen sich sogar im Spiegel. Andererseits gelten sie weiterhin oft als „schädlich" oder sogar „gruselig" und werden in Horrorfilmen wie „Die Vögel" (Hitchcock 1963) entsprechend inszeniert. Dieser schlechte Ruf beruht darauf, dass Rabenvögel die Nester der „niedlichen" kleineren Singvögel plündern und als Aasfresser in enger Beziehung zum Tod stehen. Ferner sind die meisten Arten schwarz gefärbt und wirken daher besonders „unheimlich". Ihren Ruf als „Galgenvögel" haben allerdings die Menschen selbst verursacht, die früher ihre Gehenkten bis zum völligen Zerfallen am Galgen hängen ließen, um alle Betrachter von kriminellen Handlungen abzuschrecken. Da liegt es nahe, dass Rabenvögel auch von den Schlachtfeldern menschlicher Kriege profitieren (Reichholf 2009, 27ff.).

Dieser Zusammenhang wurde am deutlichsten von Karl Kraus in seinem Theaterprojekt „Die letzten Tage der Menschheit“ herausgearbeitet, wobei er stets die Parallelen zu menschlichen Kriegsgewinnern – also ebenfalls Aasfressern – im Blick behält (Buchausgabe: Kraus 1922). Die letzte Szene endet mit dem „Lied der Raben“, die einen Berg unbegrabener Leichen umkreisen. Dieses Lied ist auch ethologisch anregend, denn hier wird menschliche Sprache erstaunlich weit an das Krächzen und Schnarren von Kolkraben angelehnt. Dies geschieht auf der phonetischen Ebene durch Auswahl möglichst vieler „r“, also stimmhafter Vibranten (= Schwinglaute), die wir auch in den verschiedenen Rufen von Raben hören (man erinnere sich an das lautmalerische „Brrr!“, mit dem man das eigene Zähneklappern beim Frieren imitiert). Um die ganze Wucht des Gedichtes zu erleben, sollte man sich unbedingt die glücklicherweise erhaltene Originalaufnahme anhören, in der Karl Kraus selbst den ausgesprochen schaue-rrrlichen Triumph der Kriegsgewinner ausdrückt (Kraus, Rezitator, 1930).

Zwar hatten die Heeresführer die Macht, zahllose Untergebene an die Front zu schicken und auch den Zivilisten im Hinterland den Tod zu bringen, aber schließlich wurden auch sie Rabenfutter.

> „Waren Generale Raben,
> schnarrts von Phrasen dort im Saale.
> Draußen sind sie unbegraben,
> da sind Raben Generale!“

Der biologische Fachausdruck „Kulturfolger“ umfasst alle Tierarten, die vom Menschen und dessen Eingriffen in die Landschaft profitieren. So ermöglichen ausgedehnte Maisäcker den Wildschweinen eine mühelose Herbstmast, während Kakerlaken unsere beheizten Räume lieben. Auf das „Lied der Raben“ angewendet gewinnt der Ausdruck „Kulturfolger“ allerdings eine sehr makabre und pessimistische Färbung, denn hier wird ein besonders schrecklicher Aspekt aller Hochkulturen für eine andere biologische Art zum Überlebensvorteil. Die Raben stellen daher fest „Kriegsgewinner sind wir alle!“ und können frohlocken:

> „Hunger hat uns nie gepeinigt,
> seit wir folgen euren Heeren.“

4.3 Hintergrundrauschen. Menschen und Tiere als Opfer

Das Gedicht „Wildgänse rauschen durch die Nacht“, das der deutsche Kriegsfreiwillige Walter Flex 1915 in einem lothringischen Schützengraben niederschrieb, hat eine komplexe Rezeptionsgeschichte. Als Teil der viel gelesenen autobiographischen Novelle „Der Wanderer zwischen beiden Welten“ (Flex 1916) war es nach dem Krieg zunächst in der Wandervogelbewegung und bei der Bündischen Jugend beliebt. Hierzu trug die „kongeniale Vertonung“ durch Robert Götz bei, die jedoch erst 1925–1930 allgemein bekannt wurde (Lindner 2003, 38).

Obwohl bei Flex eine tragische Grundstimmung vorherrschte, die den Krieg durchaus als Verhängnis auffasste, eigneten sich die „Wildgänse“ durch ihren volksliedhaften Stil und das Motiv der Heerfahrt auch dazu, Krieg und Heldentod zu verherrlichen. Folgerichtig wurde das Lied von den Nationalsozialisten bald vereinnahmt und rühmte nun als zackiger Marsch den Krieg als ein Geschehen, das für die deutsche Volksgemeinschaft sinnvoll und notwendig ist (ebd., 401f. und 420ff.). In tendenziösen Umdichtungen zogen die Soldaten nun sogar „in Volkes Namen“ oder „in Deutschlands Namen“ (Schepping 2007, 110ff.). Wegen der vielen möglichen Lesarten blieben die „Wildgänse“ jedoch zugleich in verbotenen Jugendorganisationen lebendig und wurden sogar im KZ Sachsenhausen heimlich verbreitet (ebd., 109ff.).

Wie beliebt das Marschlied noch heute ist, belegen zahlreiche Videos im Internet. Diese sind meist mit sorgfältig ausgewählten Bildern kombiniert, die nationalistische, heroische oder tragische Deutungen nahelegen. Andererseits gilt es heute immer dann als untragbar, wenn vor allem seine NS-Rezeption deutlich erinnert wird. Diese Ablehnung findet sich beispielhaft in Degenhardts Lied „Wo sind die Lieder, unsre alten Lieder?“ (Degenhardt 1986, Lied 51):

> „Nicht für'n Heller oder Batzen
> mag Feinsliebchen barfuß ziehn,
> und kein schriller Schrei nach Norden
> will aus einer Kehle fliehn.“

Ein ethologischer Blick auf das Gedicht erlaubt es, weitere interessante Aspekte herauszuarbeiten (zitiert wird die Ausgabe von 1919 mit dem aufschlussreichen Nachwort von Martin Flex, dem Bruder des Autors).

Am offensichtlichsten ist die Rolle von Zugvögeln als Anzeiger der Jahreszeiten. Mit diesem Zusammenhang beschäftigt sich die Phänologie, die das Verhalten von Lebewesen unter der Leitfrage untersucht, welche stabilen raumzeitlichen Muster auftreten. Grob gesprochen ziehen die Zugvögel der Nordhalbkugel im Herbst nach Süden, weil sie im Winter nicht genug Nahrung finden würden, und kehren im Frühling zurück. In der Sekundärliteratur wird häufig betont, diese Richtungsangaben seien stark symbolisch aufgeladen, so gilt der Norden als zivilisationsferner Sehnsuchtsort und der Süden als Heimatort, zu dem die Toten zurückkehren (Kurz 2007, 94f.).

Lindner (2003, 63f.) arbeitet heraus, dass Zugvögel besonders geeignete Symboltiere der Wandervogelbewegung waren, denn sie wandern nur zeitweise, immer in Scharen und hoch „über den Niederungen der Zivilisation". Ethologisch zu relativieren ist allerdings seine Angabe, sie wanderten „von der Heimat in die Fremde und zurück". Zwar bezeichnet man oft das Brutgebiet von Zugvögeln als ihre „Heimat", wobei sich aber Arten wie der Mauersegler dort nur rund drei Monate aufhalten und weitaus länger in ihren Winterquartieren.

Bei Flex wird dieser allgemeine phänologische Kalender von einem sehr persönlichen überlagert. Er schreibt sein Gedicht in einer Vorfrühlingsnacht 1915, als die Gänse über die Front hinweg nach Norden ziehen (Flex 1919, 1). Kurz darauf beginnt seine innige Freundschaft mit Ernst Wurche, der sich ebenfalls deutlich an diese Nacht und den Gänsezug erinnert. Der Anblick des Gänseheers wird zum Zeichen von Gemeinsamkeit, aber auch von einer ungewissen Zukunft:

> „Rausch' zu, fahr' zu, du graues Heer!
> Rauscht zu, fahrt zu nach Norden!
> Fahrt ihr nach Süden übers Meer –
> Was ist aus uns geworden!"

Die Geschichte wird diese Frage sehr bald beantworten: Aus vielen jungen begeisterten Soldaten werden tote Helden. Wurche stirbt bereits im Herbst 1915 in Lettland und über seinem Grab ziehen die Gänse nach Süden (ebd., 93f.). Flex stirbt ebenfalls an der Ostfront, und zwar auf der Insel Ösel (heute Saarema/Estland) im Herbst 1917. Auch über seinem Grab ziehen also die Gänse nach Süden (ebd., 113).

Für heutige Leser, denen die „waffenfrohe" (ebd., 86) Begeisterung für den Krieg eher fremd ist, zeigt das Gedicht interessante Parallelen zwischen Mensch und Tier. Beide sind in derselben bedrohlichen Umwelt unterwegs, die mit eindringlichen Wendungen beschrieben wird, wobei dem „schrillen Schrei“ der Gänse das vom Menschen verursachte Kriegsgeschehen gegenüber steht, in dem „Fahlhelle zuckt“ und „Schlachtruf gellt“. In scharfem Kontrast zu diesen eruptiven Ereignissen steht der gleichmäßige Flügelschlag der Gänse, der mit dem Ausdruck „Rauschen“ mehrfach wiederholt wird. Dieses Rauschen ist mit gängigen Motiven verknüpft, so mit dem „Waldes- und Brunnenrauschen der Romantik“, mit dem „Rauschen der Adler und Fahnen in der Kriegslyrik des 19. Jahrhunderts und des Ersten Weltkriegs“ und schließlich mit dem Tod als „rauschhafte Erfüllung und Ruhe“ (Kurz 2007, 95). Man könnte sogar behaupten, der physikalische Ausdruck „Hintergrundrauschen“ gewönne hier eine ganz neue Bedeutung.

„Geschwader“ und „Heer“ sind militärische Ausdrücke, die auf die Gänse übertragen die Parallelen zwischen Kriegs- und Vogelzug herausstellen. Beide werden mit guten Gründen als „graues“ Heer beschrieben, denn diese typische „Nicht-Farbe“ macht alle Soldaten gleich, so dass sie nicht mehr als Individuen unterscheidbar sind. Ein wichtiger Unterschied zwischen Mensch und Tier besteht darin, dass vermutlich nur der Mensch um seine Sterblichkeit weiß und daher sagen kann:

> „Und fahr’n wir ohne Wiederkehr,
> Rauscht uns im Herbst ein Amen!“

Interessanterweise spricht hier nicht ein Priester oder ein anderer Mensch den letzten Segen, sondern die Gänse „rauschen“ den Gefallenen ein Amen.

Aus heutiger Sicht würde man die Nicht-Intentionalität des Ziehens als wichtige Gemeinsamkeit zwischen Mensch und Tier ergänzen, wobei die Gänse einem inneren Instinkt folgen, die Soldaten hingegen einem äußeren Befehl: Sie „fahr’n in Kaisers Namen“. Während Flex seine Ideale immer wieder als innere und praktisch „naturgegebene“ Leitsterne darstellt, würde man heute herausarbeiten, wie gezielt die jungen Soldaten durch kriegshetzerische Propaganda manipuliert wurden.

Noch weiter ausholend lässt sich vergleichen, wie weit sich das Verhalten von Menschen und Gänsen seit dem Ersten Weltkrieg verändert hat. Menschen sind auch 100 Jahre später weiterhin in zahlreiche Kriege verwickelt, allerdings nicht in derart umfassende „Weltkriege“. Viele Wildgänse hingegen ziehen gar nicht mehr, sondern haben gelernt, dass sie in

Deutschland auch im Winter gut überleben können. Die Vorteile leuchten ein: Die hier bleibenden Vögel müssen nicht enorme Mengen Energie für weite Wanderungen verbrauchen und können im Frühling gleich die besten Nistplätze besetzen, lange bevor ihre Artgenossen aus dem Süden zurückkehren. Wenn es um Lernfähigkeit und flexibles Verhalten geht, scheinen die Menschen also deutlich schlechter abzuschneiden.

Als abschließender Trost sei erwähnt, dass die militaristische Deutung der „Wildgänse" mittlerweile so stark relativiert wurde, dass sich das Lied auch kreativ parodieren lässt. So ersetzt Robert Gernhardt in seinem Gedicht „Zoo-Impressionen" (Gernhardt 2009, 9f.) das graue Gänse-Heer durch eine Gruppe unscheinbar huschender Erdmännchen, die zudem noch kognitiv herausgefordert sind und daher einer Warnung bedürfen (wobei ich in der letzten Zeile „die Pfosten" bevorzugen würde, da gleichgerichtet huschende Erdmännchen wohl kaum alle an denselben Pfosten rauschen können ...).

> „Erdmännchen huschen durch die Nacht,
> mit schrillem Schrei gen Osten.
> Unstete Fahrt, gebt acht, gebt acht,
> gleich rauscht ihr an den Pfosten!"

An Stelle der „wilden" Gänse, die hoch über dem Kriegsgeschehen ihre eigenen Ziele ansteuern, sind also Tiere getreten, die schon im Namen ihre Verbindung zur Erde deutlich machen und durch die Verkleinerungsform ihre Unbedrohlichkeit. Ebenso wie der Mensch können sie sich nicht in die Lüfte erheben und vor dem fremdbestimmten Grauen davonfliegen. Und ist ein größerer Gegensatz denkbar als der zwischen martialisch inszenierten Wappentieren wie Löwe, Adler oder Bär und den knuddeligen Erdmännchen, die keinerlei Waffen tragen, aber erfolgreich kooperieren? An mehr Umsicht beim Huschen ließe sich sicher noch arbeiten ... Aber natürlich muss ergänzt werden, dass das Gedicht ein Produkt von Galgenhumor ist und in der realen Welt sicher auch künftig die Beutegreifer und Aasfresser herrschen werden.

5 Literatur

Animals in War Memorial Fund: Information about animals in war. – http://www.animalsinwar.org.uk/index.cfm?asset_id=1375 (Zugriff: 31.10.2015).

Apopo Foundation: Adopt a HeroRAT. – https://www.apopo.org/en/adopt (Zugriff: 31.10.2015).

Bentz, H. G. 1954: Gute Nacht, Jakob. Ein heiterer Roman aus verklungenen Tagen. Bertelsmann. Gütersloh.

Degenhardt, F. J. 1986: Kommt an den Tisch unter Pflaumenbäumen. Alle Lieder und Noten bis 1975. Rowohlt. Reinbek.

Diamond, J. M. 1997: Guns, germs and steel. The fates of human societies. London. Cape. – Deutsch: Arm und reich. Die Schicksale menschlicher Gesellschaften. Fischer. Frankfurt a. M. 1998.

Flex, W. 1916: Der Wanderer zwischen beiden Welten. Ein Kriegserlebnis. Beck. München. – Zitiert nach der Ausgabe von 1919, mit einem Nachwort von M. Flex.

Gernhardt, R. 2009: Reim und Zeit. Gedichte. Reclam. Stuttgart.

Kaiser Wilhelm II. 1914: An das deutsche Volk! – In: Neue Preußische Zeitung, 7.8.1914.

Kraus, K. 1922: Die letzten Tage der Menschheit. Tragödie in 5 Akten mit Vorspiel und Epilog. Die Fackel. Wien.

Kraus, K. [Rezitator, 1930]: Karl Kraus spricht: das Gedicht „Die Raben“ aus dem Nachkriegsdrama „Die letzten Tage der Menschheit“ von Karl Kraus. – Österreichische Mediathek 143, 11253. – http://www.mediathek.at/atom/0D00C014-109-0001F-0000943C-0D00 40D6/?m=1 (Zugriff: 31.10.2015).

Kurz, G. 2007: „Wildgänse rauschen durch die Nacht“. Graue Romantik im Lied von Walter Flex. – In: Stambolis, B., Reulecke, J. (Hg.), Good-Bye Memories? Lieder im Generationengedächtnis des 20. Jahrhunderts. Klartext. Essen, 79–97.

Lindner, W. 2003: Jugendbewegung als Äußerung lebensideologischer Mentalität. Kovac. Hamburg.

Morpurgo, M. 1982: War horse. Kaye & Ward. Kingswood. – Deutsch: Gefährten. Carlsen. Hamburg 2013.

Österreichischer Lehrerverein für Tier- und Pflanzenschutz 1917a: Krieg und Tier. Gedichte. Fromme. Wien.

Österreichischer Lehrerverein für Tier- und Pflanzenschutz 1917b: Krieg und Tier. Erzählungen. Fromme. Wien.

Pöppinghege, R. 2009: Abgesattelt! Die publizistischen Rückzugsgefechte der deutschen Kavallerie seit 1918. – In: Pöppinghege, R. (Hg.), Tiere im Krieg. Von der Antike bis zur Gegenwart. Schöningh. Paderborn, 235–250.

Pöppinghege, R. 2014: Tiere im Ersten Weltkrieg. Eine Kulturgeschichte. Rotbuch. Berlin.

Reichholf, J. H. 2009: Rabenschwarze Intelligenz. Was wir von Krähen lernen können. Herbig. München.

Remarque, E. M. 1929: Im Westen nichts Neues. Propyläen. Berlin. – Zitiert nach der Fassung der Erstausgabe mit Anhang und einem Nachwort hg. von T. F. Schneider. Kiepenheuer & Witsch. Köln 2013.

Schepping, W. 2007: „Wildgänse rauschen durch die Nacht". Neue Erkenntnisse zu einem alten Lied. – In: Stambolis, B., Reulecke, J. (Hg.), Good-Bye Memories? Lieder im Generationengedächtnis des 20. Jahrhunderts. Klartext. Essen, 99–114.

Schmauks, D. 2013: Freundschaft zwischen Ungleichen. Kognitive und semiotische Aspekte in Texten über Mensch-Tier-Beziehungen. – In: Bender, O., Kanitscheider, S., Treml, A. K. (Hg.), Gleichheit und Ungleichheit, Symmetrie und Asymmetrie. (= 38. Matreier Gespräche zur Kulturethologie 2012. Schriftenreihe der Otto-Koenig-Gesellschaft). BoD. Norderstedt, 157–177.

Seely, J. E. B. 1934: My horse warrior. The amazing story of a real war horse. Hodder & Stoughton. London. – Deutsch: Mein Pferd Warrior. Deutsche Verlags-Anstalt. Berlin 1934.

Tempest, G. M. 2009: All the muddy horses. Giving a voice to the „Dumb Creatures" of the Western Front (1914–1918). – In: Pöppinghege, R. (Hg.), Tiere im Krieg. Von der Antike bis zur Gegenwart. Schöningh. Paderborn, 217–234.

Troy, J. 2009: „Die gläserne Biene" – Honigbienen in der Kriegsführung. – In: Pöppinghege, R. (Hg), Tiere im Krieg. Von der Antike bis zur Gegenwart. Schöningh. Paderborn, 135–147.

Helmwart Hierdeis

Mutabor[1]

Zur Erinnerung an Alfred K. Treml († 2.9.2014)

Alfred flog.

Aber anders als in seinen Träumen, in denen er geräuschlos über Flusstälern geschwebt war oder über einem Meeresarm mit durchsichtigem Wasser, auf dessen Grund sich ein riesiges Schachbrettmuster abgezeichnet hatte, war es nun, unter schüttelnden Windstößen, ein raubvogelartiges, rauschendes Hinab auf ein Ziel zu, das sich rasch vergrößerte: eine kahle, steinige Bergkuppe, die sich aus einer Sandebene erhob.

Die Landung war heftig, aber er spürte keinen Schmerz. Nur die Beine schienen festzustecken, er konnte sie nicht rühren. Felsbrocken, Dornengestrüpp und Disteln ringsum – dazwischen, ein paar Meter entfernt, sein Rucksack mit der ganzen Ausrüstung für das Unternehmen. Nass und ramponiert sah er aus. An der Seite schien er aufgerissen. Er wollte ihn aufheben und nachsehen, aber er konnte keinen Schritt machen. Das war doch nicht die Umgebung, die er so lange erkundet hatte und in der er sein Wandererleben hatte krönen wollen.

Wie aus dem Nichts trat eine Gestalt auf ihn zu, etwa so groß wie er, gekleidet wie jemand, der hier lebte. Ein Hirte? Aber er sah weder Schafe noch Ziegen.

Der Fremde hob den Rucksack auf und schaffte ihn hinter ihm weg.

„Halt!“ rief Alfred, „wo willst du denn hin damit? Lass ihn da! Ich brauche ihn doch noch.“

Der Unbekannte tauchte wieder auf, geräuschlos, als ob seine Füße den Boden nicht berührten.

„Entschuldigung!“ sagte er. „Das hätte nicht passieren sollen. Sonst bin ich schneller mit dem Aufräumen.“

Alfred schüttelte den Kopf: „Ich verstehe nicht. Warum schaffst du meine Sachen weg? Und wo bin ich überhaupt?“

[1] Mutabor [lat.]: Ich werde verwandelt werden.

„Du brauchst deine Sachen nicht mehr“, sagte der andere. „Ich habe sie weggeräumt, damit du sie nicht ständig vor Augen hast und zurückblickst. Und wo du bist? Schau dich einfach um!“

Alfred blickte zu Boden, über die Kuppe hinweg, dann in die Ferne. Über der unwirtlichen Landschaft unten lag bräunlicher Dunst. Gegen den Horizont hob sich ein grauer Häuserhaufen ab.

„Die Berge, die ich bisher kennengelernt habe, sehen anders aus“, sagte er. „Was ist das da unten, Wüste?“

„Fast“, erwiderte der Fremde.

„Und dieser Kegel hier?“

„Der Berg heißt Tabor“.

„Tabor?“ Alfred sprudelte darauf los: „Tabor, Mutabor, Kalif Storch, der Zauberer Kaschnur, Mansor, der Großvesir, die schöne Lusa, Arabien, ...“

„Du bist in der falschen Geschichte“, sagte der andere.

„Ich weiß, ich weiß“, antwortete Alfred. „Aber wenn das der Berg Tabor sein soll, dann wären wir hier in … Du hältst mich zum Narren“.

„Wenn du es besser weißt“.

Die Stimme kam ihm bekannt vor. Er hatte sie schon oft gehört. Aber wann und wo? Ganz früher? Oder erst kürzlich? Und, merkwürdig: War da nicht eine leichte schwäbische Färbung im Timbre?

Es musste Mittag sein. Die Sonne stand fast senkrecht über ihm, nur spürte er keine Hitze.

„Tabor“, fing er wieder an. „Das ist doch der Berg bei Nazareth, auf dem …, warte mal …“

„Ich kenne die Erzählung“, sagte der andere.

Nichts passt zusammen, dachte Alfred, dieser Mensch da, der meine Sprache spricht, die Zeit, der Ort, dass ich keine Schmerzen spüre und trotz der Sonne keine Wärme.

„Wenn es stimmt, was du sagst“, fragte er: „Wie komme ich dann hierher?“

„Du bist aus der Zeit gefallen“.

„Aus der Zeit gefallen“, wiederholte Alfred. „Ein Traum also?“

„Nein“.

„Koma?“

Der Fremde sah ihn ohne Regung an.

„Rede doch schon! Kein Traum. Kein Koma. Was bleibt dann noch? Bin ich … bin ich tot? Aber dann könnte ich doch nicht mehr …“

„Ach, was ihr euch so vorstellt“, sagte der andere.

„Und wie ist es passiert?“

„Du wolltest zu hoch hinaus. Da wollte dein Herz nicht mehr“.

„Mein Herz. Ich hab’s geahnt“.

„Und verdrängt“, sagte der andere.

„Verdrängt, verdrängt“, murmelte Alfred. „Dem Gerede entkommt man wohl nirgends. Aber ich will nicht mit dir streiten.“

„Das ist gut“, sagte der Unbekannte, „du weißt wenigstens rechtzeitig, wenn du unterlegen bist“.

„Das ist also wirklich der Berg Tabor?“

„Nicht, was du wirklich nennst.“

„Was heißt das jetzt wieder!“

„Du bist in dir gelandet. Du steckst in dir fest.“

„Ich bin in mir gelandet? Ich stecke in mir fest? Kannst du nicht deutlicher werden?“

„Metaphern und Symbole sind nicht gerade deine Stärke, scheint mir.“

„Aber Systemtheorie“, gab Alfred trotzig zurück.

Der Fremde lachte lautlos. „Dann erkläre mir doch deinen gegenwärtigen Zustand mit Niklas Luhmann“.

Alfred atmete tief durch und wollte zu einer Erklärung über System und Selbstreferenzialität anheben, aber er sah nur ineinander verschachtelte graphische Figuren vor sich, die mit Pfeilen aufeinander zielten, und er wusste nicht, wie er beschreiben sollte, was er vor Augen hatte. Er hatte keine Begriffe mehr.

„Extra systema salus non est“, dozierte der andere spöttisch.

„Dafür dass du keine Ahnung von mir hast, bist du ganz schön arrogant“, entgegnete er.

„Keine Ahnung? Wenn du dich da nicht täuschst“.

Wieder war es Alfred, als wäre ihm die Stimme vertraut. Sie zog ihn irgendwo hin. Manchmal hatte er erlebt, wie ihn bestimmte Melodien oder Harmonien an die Orte geführt hatten, an denen sie ihn zum ersten Mal ergriffen hatten: das letzte Duett aus dem „Rosenkavalier", der Schlusschoral der Johannespassion, der Chor „Denn er hat seinen Engeln befohlen" aus Mendelssohns „Elias". Und immer hatte es ihn große Anstrengungen gekostet, nicht einfach darauf loszuweinen. In dieser Stimme lag etwas, das ihn innerlich aufweichte.

Er blickte auf.

Der andere musste ihn schon eine zeitlang angesehen haben.

„Du bist traurig", sagte er.

Alfred nickte.

„Wenn es dir schon die Sprache verschlagen hat: Kannst du ohne Worte ausdrücken, was dir am meisten fehlt?"

Alfred stand lange unbewegt. Dann breitete er seine Arme aus und schloss sie um sich.

„Merkwürdig", sagte der andere, „so steht ihr am Ende alle da."

Alfred sah ihn fragend an.

„Dein Vater zum Beispiel vor langer Zeit, dein Bruder vor kurzem, selbst Menschen, bei denen du es nicht ohne weiteres vermuten würdest wie Otto Koenig oder wie dein heiliger Niklas".

Vor Alfreds Augen zog eine Galerie von Menschen vorüber, die er gekannt hatte. Er versuchte sich vorzustellen, wie sie sich selbst umarmten.

„Wenn ich euch so ansehe am Ende", sagte der andere, „dann denke ich mir oft: Er hätte euch nicht in die Evolution entlassen sollen. Wenn eine solche Sehnsucht übrig bleibt".

Er trat dicht an Alfred heran.

„Hast du noch Platz für mich?"

Alfred öffnete seine Arme und schloss sie um den anderen. Für einen Augenblick standen beide unbewegt, Wange an Wange. Alfred spürte ihn kaum, er kam ihm federleicht vor. Aber sein Geruch war ihm vertraut wie sein eigener.

Und auf einmal überkam es ihn: Er erkannte auch die Stimme.

Dann war ihm, als würde ihnen der Boden unter den Füßen weggezogen.

Sanken sie? Oder schwebten sie nach oben?
„Mutabor“, flüsterte Alfred.
Aber er konnte nicht wissen, was er damit sagte.

Verzeichnis der Autoren und Herausgeber

Privatdozent Dr. Oliver **Bender**, Institut für Interdisziplinäre Gebirgsforschung, Österreichische Akademie der Wissenschaften, Technikerstraße 21a, 6020 Innsbruck, Österreich. Tel.: 0043/512/507/49430
e-mail: oliver.bender@oeaw.ac.at

Professor Dr. Helga **Bleckwenn**, Unterbrunner Str. 1, 82131 Gauting, Deutschland. Tel.: 0049/89/8507965
e-mail: Helga.Bleckwenn@t-online.de

Professor Dr. Roland **Girtler**, Institut für Soziologie der Universität Wien, Rooseveltplatz 2, 1090 Wien, Österreich. Tel.: 0043/1/4277/48201
e-mail: roland.girtler@univie.ac.at

Professor Dr. Helmwart **Hierdeis**, Graf Berchtold-Str. 4, 86911 Diessen am Ammersee, Deutschland. Tel.: 0049/8807/947337
e-mail: Helmwart.Hierdeis@web.de

Dr. Sigrun **Kanitscheider**, Mairhof 14b, 6173 Oberperfuss, Österreich. Tel.: 0043/5232/81895
e-mail: sigrun.kanitscheider@gmail.com

Professor Dr. Max **Liedtke**, Kirchhoffstr. 22, 90552 Röthenbach a. d. Pegnitz, Deutschland. Tel.: 0049/911/577522
e-mail: max.liedtke@t-online.de

Professor Dr. Dagmar **Schmauks**, TU Berlin, Arbeitsstelle für Semiotik, FH 4-3, Fraunhoferstr. 33-36, 10587 Berlin, Deutschland.
Tel.: 0049/30/31479440
e-mail: schmauks@mailbox.tu-berlin.de